談志の日記1953
17歳の青春

立川談志

dZERO

①

① 1952年、新宿で

②

③

④

② 1952年、入門まもないころの談志(左)。師匠(五代目柳家小さん)から稽古を受ける
③ 1954年、二つ目昇進の記念撮影、師匠小さんを囲んで。左から「小ゑん」に改名した談志、小山三(のちの五代目柳家つばめ)、小三太(のちの二代目柳家さん助)
④ 1952年〜53年ごろ、師匠小さんと

❺

⑥

⑤ 1954年、地元・鵜の木の敬老会で
⑥ 1952年、新宿末広亭で

⑦

⑦ 1952年、新宿末広亭で
⑧ 1953～54年ごろ、上野・鈴本演芸場で
⑨ 1953～54年ごろ、林家三平（左）、竹蔵（手前、のちの八代目橘家円蔵）と

⑧

⑨

⑩

⑩ 1953〜54年ごろ、小三太と。黒門町・八代目桂文楽宅で
⑪ 1953年、春風亭笑枝(左、二つ目で廃業)、竹蔵(中央)と。落語協会の成田参詣で
⑫ 1954〜55 年ごろ、師匠小さん宅の庭で。小山三、小三太、柳家栗之助(前列左、「さん好」と改名後に廃業)、柳家小助(中列右、のちの六代目柳亭燕路)と

⑪

⑫

⑬

⑬日記帳の現物、ハードカバーの函入り
⑭⑮談志筆の日記（本書収載）

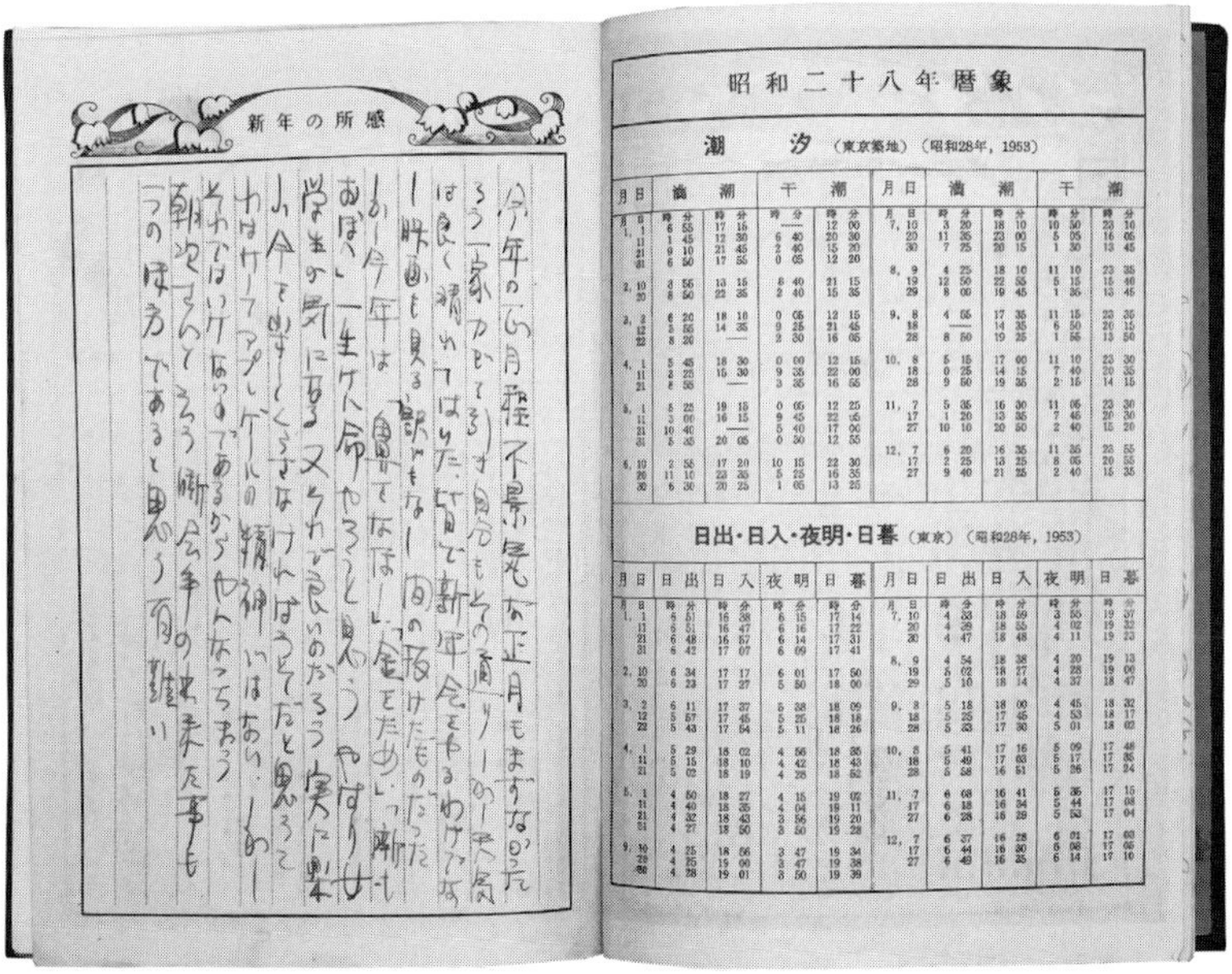

⑭

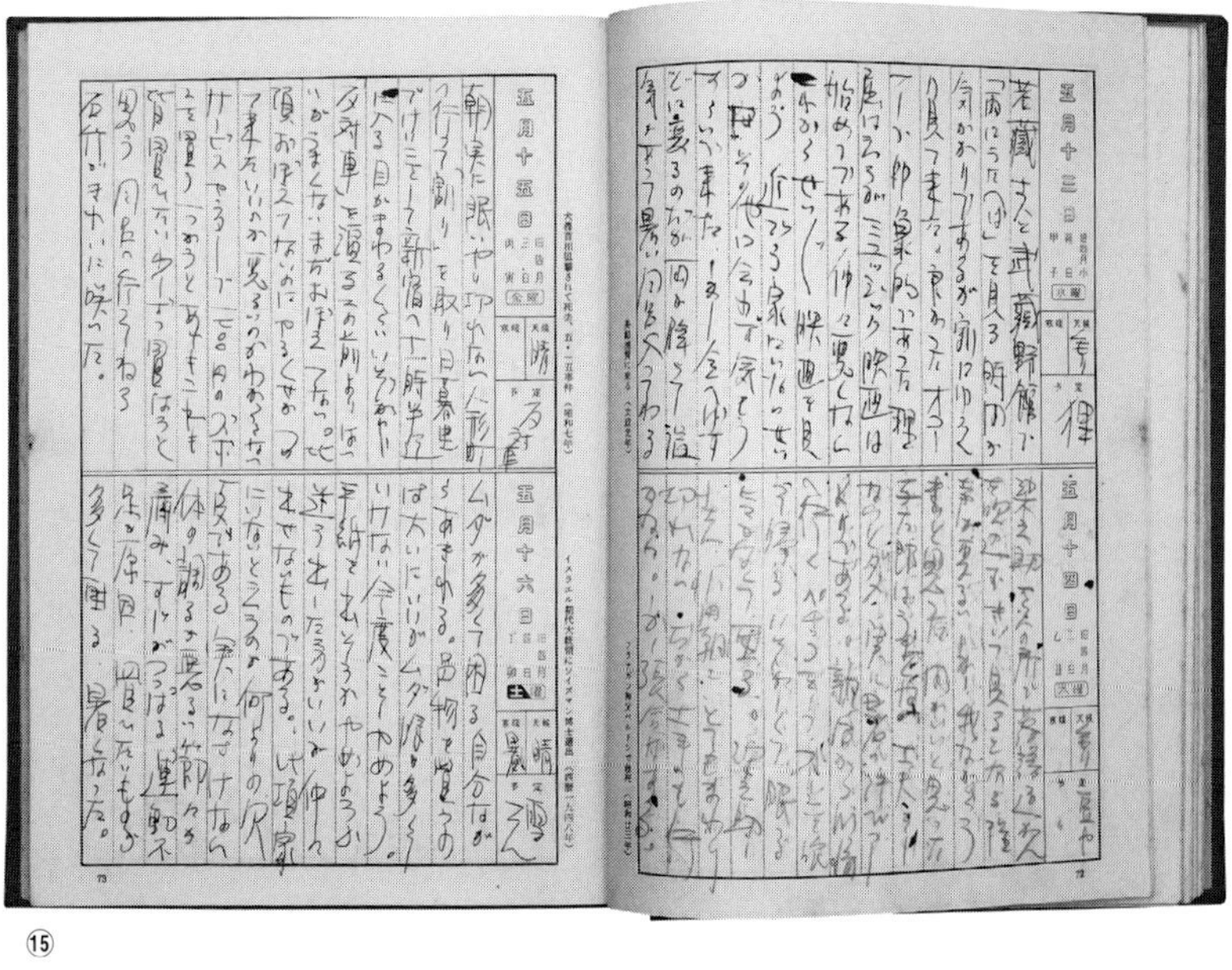
⑮

⑯

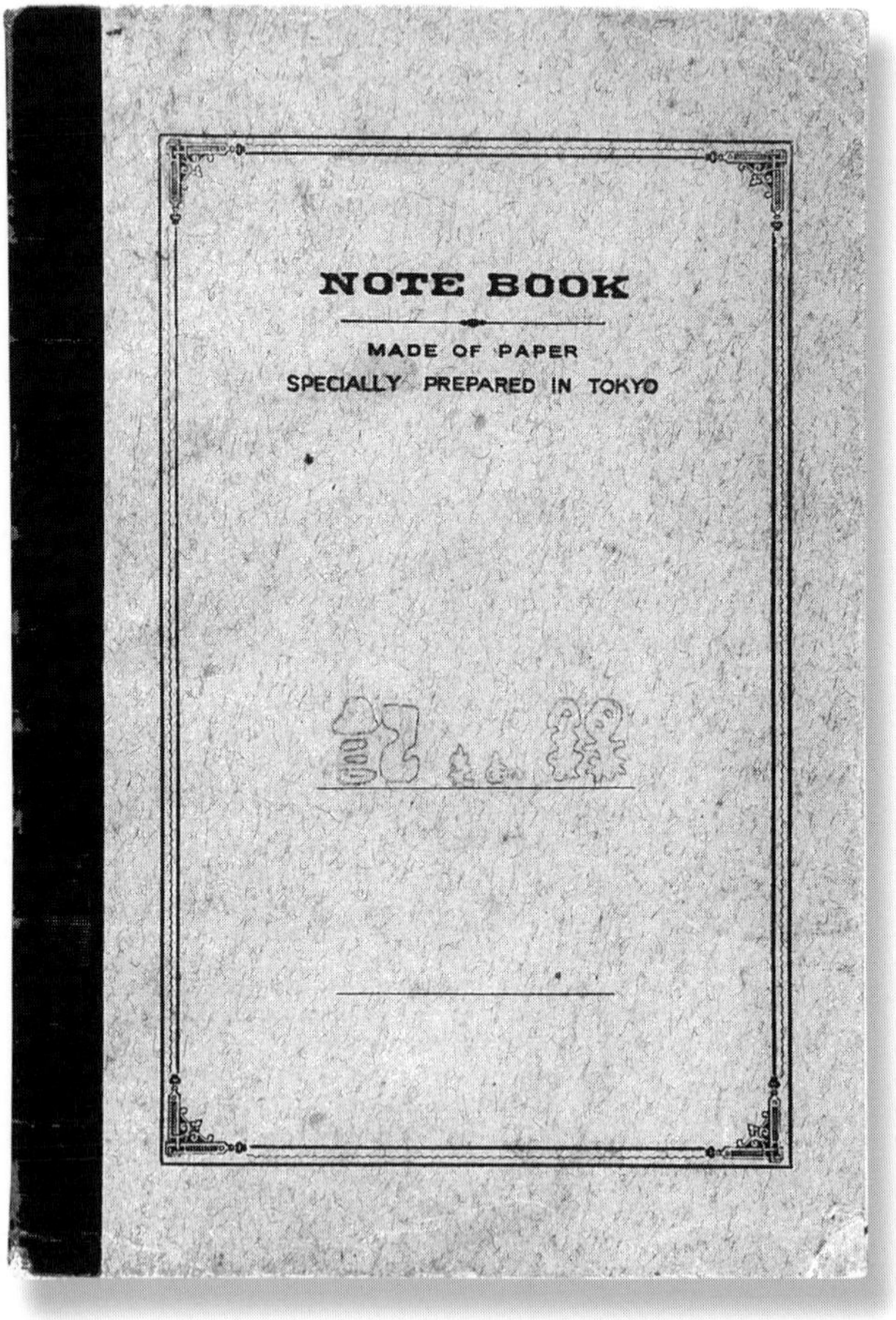

⑯ 演目の記録が書かれたノート。「記」と「録」の間に本名「克由」
⑰ ノートに書かれた演目と場所、自己評価（本書収載）
⑱ ノートには、名人たちのクスグリや、川柳の覚えなど、
落語に関係する情報がびっしりと書きこまれていた

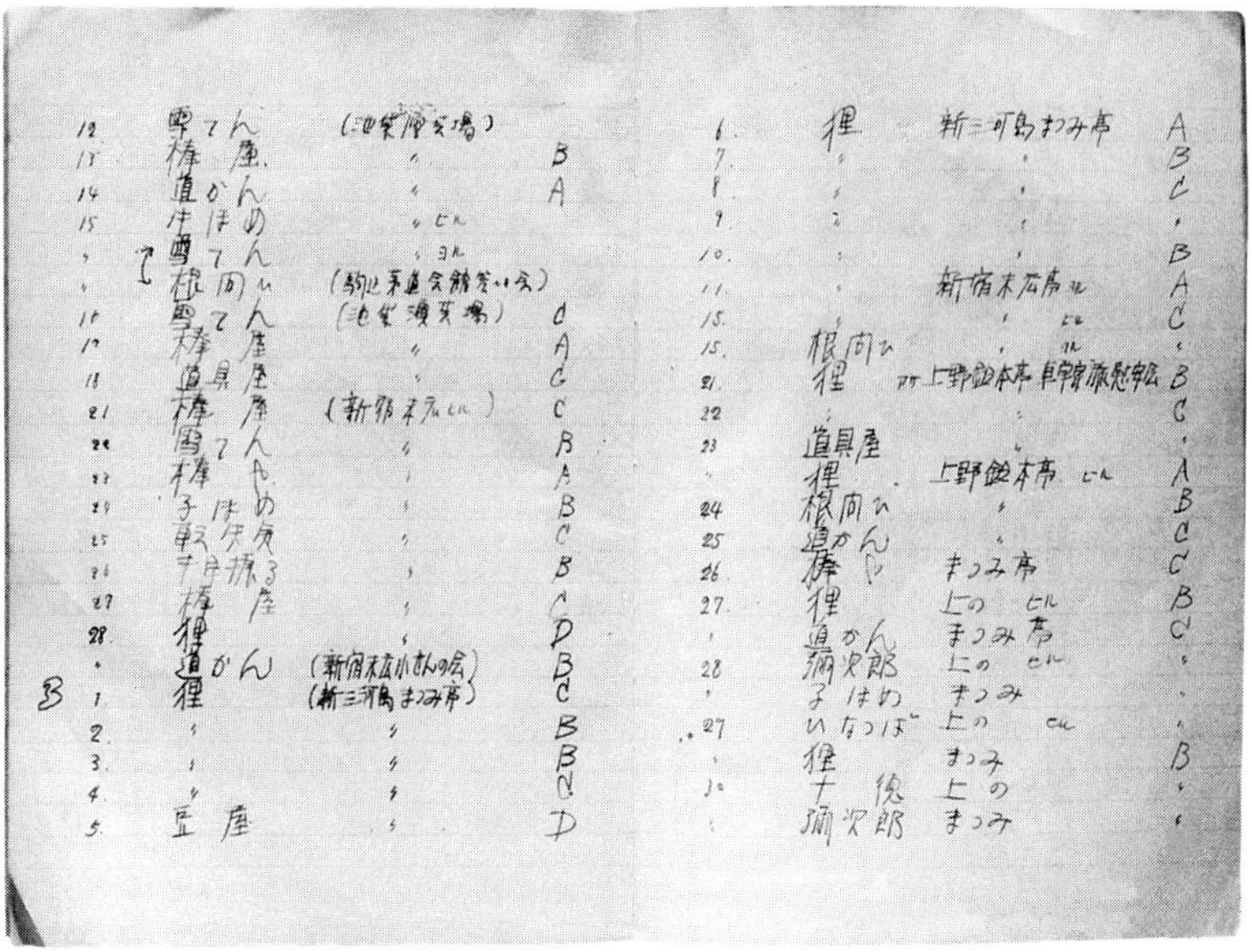

⑰

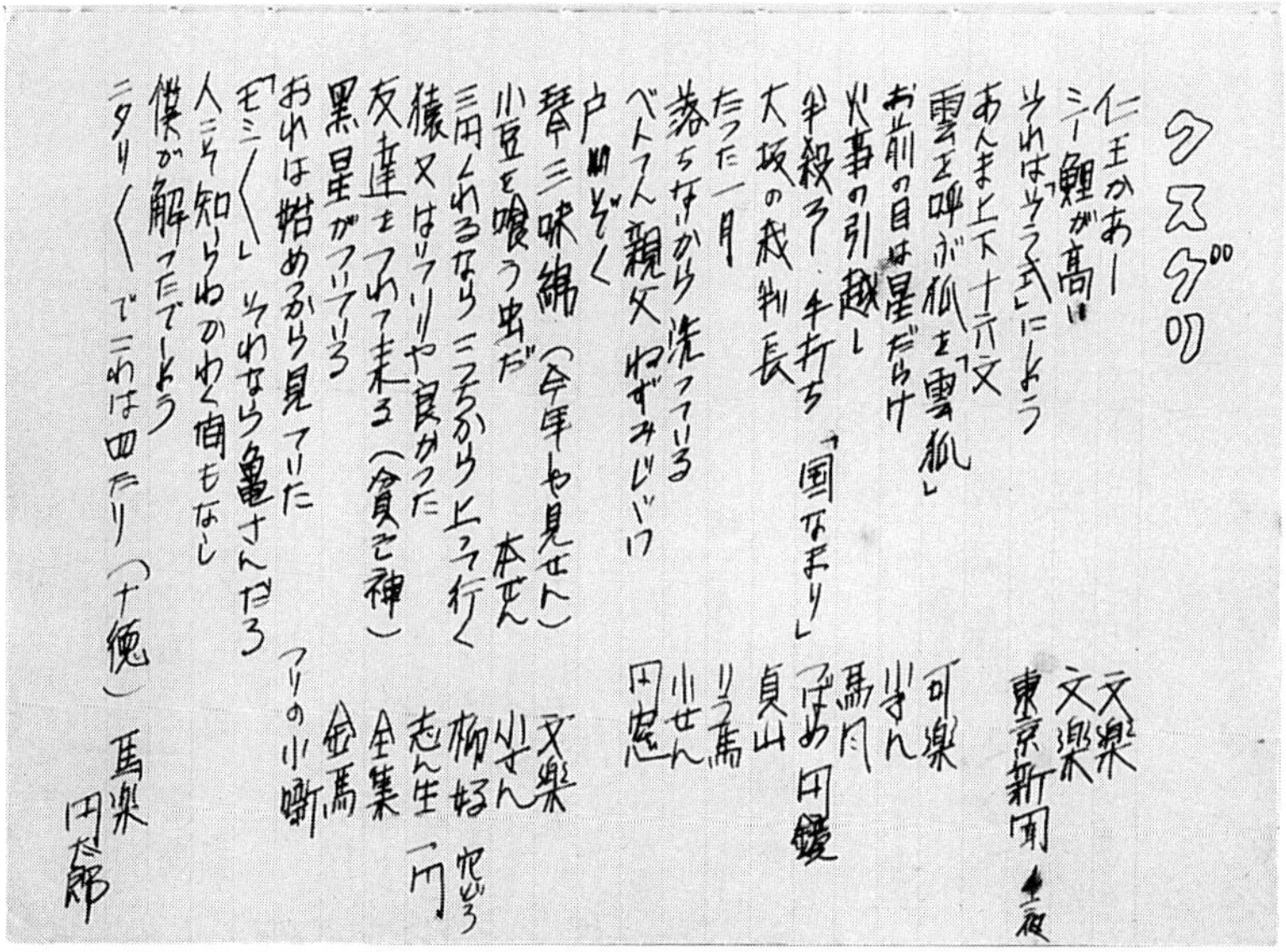
クスグリ
仁王かあー
ミー鯉が高い
それはソフラ式にしよう
あんま上下十六文
雲を呼ぶ狐を雲狐
お前の目は星だらけ
火事の引越し
半殺し、手打ち「国なまり」
大坂の裁判長
たった一月
落ちないから洗っている
べトつく親父 ねずみじじい
戸ぞく
琴三味線（今年や見せん）
小豆を喰う虫だ
三円くれるなら、こっちから上って行く
猿父はソアリ、や良かった
友達を連れて来る（貧乏神）
黒星がついている
おれは始めから見ていた
「モミくく」 それなら亀さんだろう
人こそ知らぬがゆく由もなし
僕が解ったでしょう
ニタリくで これは四たり（十徳）
文楽
文楽
東京新聞
可楽
小さん
馬風
つばめ 円鏡
貞山
りう馬
小せん
円窓
文楽
小さん
柳好
志ん生
全集
金馬
アリの小噺
馬楽
円太郎
本芸
一円

⑱

⑲

⑲ 1953年、朝次（前列・左、のちの三遊亭朝之助）を連れて「深谷祭り」へ
⑳ 1953〜54年ごろ、自宅近くの多摩川の土手で
㉑ 1953年、中学時代の同級生たちと

⑳

㉑

㉒

㉒ 1953～54年ごろ、鵜の木の自宅で

談志の日記1953　17歳の青春＊目次

日記

1953.1.1〜12.30

演目の記録

1952.11.11〜1954.1.19

談志の日記
1953
17歳の青春

日記

1953.1.1～12.30

〈凡例〉

＊一九五三（昭和28）年一月一日〜同年十二月三十日に書かれた一冊の日記帳からそのまま収載し、削除は行っていません。

＊明らかな誤字など最小限の修正を行い、必要に応じて句読点を入れ、改行し、ルビをふりました。

＊日付下の「晴／寒／十徳」などは、日記帳に印刷された「天候／寒暖／予定」欄にそれぞれ記されたものです。空欄の場合は本書でも記載せず、また「予定」欄の多くは演目ですが、その他の情報の書き込みもあり、原文のままとしました。

＊現代かなづかい（新かな）と歴史的仮名遣い（旧かな）が混在していますが、原文のままとしました。

＊「気／氣」「蔵／藏」「円／圓」など、漢字の新字体／旧字体が混在していますが、統一せず原文のままとしました。俗字体・略字体は新字体に置き換えました。

＊同一語の漢字／ひらがな／カタカナの混在については統一せず、原文のままとしました。

＊「悪い／悪るい」など、送りがなに揺れがありますが、統一せず原文のままとしました。

＊繰り返し符号「ゝ」「ゞ」「く」「ぐ」「々」については、使用／不使用が混在していますが、原文のままとしました。

＊原文における落語の演目は、「　」の使用／不使用が混在していますが、本書では『　』で示しました。その他の括弧類については、原文のままとしました。

＊下欄注は、編集部によるものです。漢字は新字体、ひらがなは現代仮名遣いで統一しました。

新年の所感

今年の正月程《ほど》不景気な正月もまずなかったろう。一家カゼを引き自分もその通り。しかし天気は良く晴れてはいた。皆で新年会をやるわけでなし映画も見る訳でもなし間の抜けたものだった。

しかし今年は「鼻をなほし」「金をため」「噺《はなし》もおぼへ」一生けん命やろうと思う。やはり女学生が気になる。又《また》、それで良いのだろう。実に楽しい。今を楽しくくらさなければうそだと思う。これはけしてアプレゲールの精神ではない。しかしそれではいけないのであるからやんなっちまう。

朝次*さんと云《い》う噺相手の出来た事も一つの味方であると思う。有難い。

＊―三遊亭朝次（さんゆうてい・ちょうじ）、のちの三遊亭朝之助（さんゆうてい・ちょうのすけ）、一九三六～一九七六。談志が住んでいた「鵜ノ木（うのき）」（東急目蒲線・当時）の隣駅「下丸子（しもまるこ）」に住んでいた。

一月一日（木）　晴《はれ》／寒／十徳

六時半起床。皆風《か》ぜを引き自分も気持が悪るい。八時に出《しゅっ》キン黒門町*1へ。十時に鈴本*2へ。『十徳《じっとく》』普通。二回つとめて五時に帰る。途中、日暮里《にっぽり》*3、小円朝*4師の所へ。志《し》る粉《こ》をごちそうになる。目白*5へ寄る。非常に寒く頭がいたい。誰もいない、すぐ帰る。蛇の目ずし八〇円、うまくない。

東島が来ていた。どうも不景気な元日である。でも「シュウギ」を多くもらう。

一月二日（金）　曇／寒／道かん

九時過ぎに出る。高座《こうざ》で『道《どう》かん』、我ながら上出来。風ぜぎみなので梅団治*6に注射を打ってもらう。

明日は休むつもりである。

帰りに正藤、髙橋、人形町末広《にんぎょうちょうすえひろ》*7、文治*8、三平*9、最後に小《こ》さん宅へ。おもちをごち走になり帰る。非常に寒い。

＊1―八代目桂文楽（かつら・ぶんらく、一八九二～一九七一）宅。黒門町（くろもんちょう）は、台東区上野にあった旧町名で、文楽が住んでいた。

＊2―「鈴本演芸場（すずもとえんげいじょう）」、台東区上野にある寄席。

＊3―五代目古今亭志ん生（ここんてい・しんしょう、一八九〇～一九七三）宅。日暮里、現在の荒川区西日暮里に志ん生が住んでいた。

＊4―三代目三遊亭小円朝（さんゆうてい・こえんちょう）、一八九二～一九七三。

＊5―談志の師匠・五代目柳家小さん（やなぎや・こさん、一九一五～二〇〇二）宅。豊島区目白に住んでいた。

＊6―桂梅団治（かつら・

一月三日（土）　晴

気分が悪るいので寄席を休む。北川＊10と東島の所へ年始に行く。央枝＊11に本を買わされる、百三〇円也。高いものだ。カルタにすれば良かったと思う。

夜、金内と北條を呼びミカンつり、面白くない。運さんが来た。博と弘光＊12が来た。相変らず小さい。夜栗島さんの宅で遊ぶ。けっこう面白かった。やはりねる時間は十二時半である。

一月四日（日）　晴／牛ほめ

寄席で小さんが薬をかってくれた。有難いものである。高座は『牛ほめ』、途中できる。あまりうまくない、まあ〳〵である。地下鉄で虎の門、円鏡＊13の家へ、都電で十番クラブ＊14へ、それ〴〵年始。非常に寒く頭が痛い。十番も入っていた。

十番でパチンコをする。入ったが、終《しま》いには、する。取りかえれば良かったと思う。風呂《ふろ》もいかず花札をやる。三五〇円もうける。

うめだんじ）、のちの二代目三遊亭百生（さんゆうてい・ひゃくしょう）、一八九五〜一九六四。

＊7―かつて中央区日本橋人形町にあった寄席。一九七〇年廃業。

＊8―八代目桂文治（かつら・ぶんじ）、一八八三〜一九五五。

＊9―初代林家三平（はやしや・さんぺい）、一九二五〜一九八〇。

＊10―北川渉（きたがわ・わたる）。小中学校時代の談志の親友。談志とともに落語家になろうとしたが、家の反対で実現しなかった。

＊11―松岡央枝（まつおか・ひさえ）、談志の妹。

＊12―博（ひろし）と弘光（ひろみつ）は、談志のいとこ。それぞれ、母親の姉の子、兄の子。

一月五日（月）　雨／寒／子ほめ

朝、朝次さんが来た。お年玉にのりを持って来た。どうも悪るい様な気がする。一緒に寄席へ。途中金城医院[15]へ年始に。髙座へ。『子ほめ』、声がかれていたが我ながら良かった。A級である。朝は気持がよかったが夕方になると頭がいたくなった。楽屋で金を二百円落した事に気がついた。御《お》かち町《まち》駅らしい。いやな気持だ。ひるはパンを喰《く》う。今日はまっすぐに帰る。中村さんにかさを入れて来てもらった。夕飯は手製のスシ。うまかった。早くねる。

一月六日（火）　晴／寒／千早振る

由雄[16]と央枝をつれて鈴本へ。蒲田《かまた》で久子と淳子[17]に会う。央枝は一緒に帰った。髙座は『千早《ちはや》』、良く出来るA。円福[18]さんは悪るいと云《い》う。帰りに三球食堂でライスカレー四〇円を。うまい。しかし、帰りに胃がいたくなった。帰りに耳鼻科へ久しぶりにいく。だいぶ悪くなったらしい。金内と金子と風呂へ。初めてのフロである。長く入っていたので頭がいたくなった。

夕方から風が出て来た。

＊13―二代目月の家円鏡（つきのや・えんきょう）。四月一日の下欄注参照。

＊14―「十番倶楽部（じゅうばんくらぶ）」、かつて港区麻布十番にあった寄席。一九五五年、映画館に転業。

＊15―金城医院は、談志のかかりつけの耳鼻科。成人してからもしばらく通っていた。

＊16―松岡由雄（まつおか・よしお）、談志の弟で落語プロデューサー。一九四〇～二〇一六。

＊17―久子（ひさこ）と淳子（じゅんこ）は、談志のいとこ、母親の兄の子。

＊18―橘ノ円福（たちばなの・えんぷく）、生涯前座の落語家で、談志が前座時代に「謎掛け」を教わった。

＊19―九代目翁家さん馬（おきなや・さんば）、一八

客の入が落ちて来た。

明日で正月も終りなり。

一月七日（水）　**根問**

高座へ。『浮世根問《うきよねどい》』B級である。

帰りにさん馬[19]、馬風[20]、上原[21]（るす）、円歌[22]（二百円もらう）、志ん生、柳枝[23]、池袋演芸場へ、それ〴〵年始へ。池袋演芸でおかみさんに会う。眞《まっ》すぐ家へ帰る。何かさびしい。女の友達がほしいと思う。？

朝《ちょう》さんが遊びに来た。とまって行く。ねながら色々の事を云ひながら……。

この頃急に映画を見たくなった。日本画である。


一月八日（木）　**晴／四の字ぎらい**

朝、さしみで飯を食ひ、長さんと家を出る。途中小学校友達の佐々木さんに会う。何か云わうと思ったがやめた。高座では、『四の字《しじ》』をネタ下ろし。C級まあ〳〵である。客足がガタっと落ちた。帰りに小満ん[24]、円生[25]、右女助[26]

九二～一九七八、のちの九代目桂文治（かつら・ぶんじ）。
＊20―鈴々舎馬風（れいれいしゃ・ばふう）、一九〇四～一九六三。
＊21―上原六三郎（うえはら・ろくさぶろう）、元落語家で二代目柳家小せん（やなぎや・こせん）を襲名したが、このときには落語家を廃業して落語協会の事務員になっていた。一八九四～一九五九。
＊22―二代目三遊亭円歌（さんゆうてい・えんか）、一八九一～一九六四。
＊23―八代目春風亭柳枝（しゅんぷうてい・りゅうし）、一九〇五～一九五九。
＊24―二代目柳家小満ん（やなぎや・こまん）、一八九二～一九七二。
＊25―六代目三遊亭円生

の家へ年始に。歩いてくた〱になる。映画を見ようと思ひやめた。目あての一衛[*27]さんがいないのでガッカリした。

皆今日から学校である。

昨日淡雪が降った。

少し話に力を入れよう。

一月九日(金)　晴／弥次郎

医者によって鈴本へ。高座へ『ヤジロー』、受けない。とにかく四人しかいない。帰りに小さんの用事で稲荷町[*28]へ。志ん生が二百円お年玉をくれる。お直さんが一〇〇円。だいぶフトコロが暖かい、いい気持だ。「かけ」を喰って立花[*29]へ(地下鉄)。女流落語[*30]をきく。みっともなくてセコで聞いてる方で顔《かお》が赤くなった。途中でいたゝまれなくなり出る。渋谷から自由ヶ丘へ。映画を見ようと思ひ時間がなくやめる。とにかく女落語なんてよした方がいい。

(さんゆうてい・えんしょう)、一九〇〇〜一九七九。

＊26―二代目桂右女助(かつら・うめすけ)、のちの六代目三升家小勝(みますや・こかつ)、一九〇八〜一九七一。

＊27―花柳一衛(はなやぎ・いちえ)、右女助の妻で、寄席にも出ていた踊りの名花。

＊28―稲荷町(いなりちょう)は、台東区東上野にあった旧町名。

＊29―「立花演芸場(たちばな)」、かつて千代田区神田須田町にあった寄席。一九五四年廃業。

＊30―六代目春風亭柳橋(しゅんぷうてい・りゅうきょう)に弟子入りした春風亭笑橋(しょうきょう)のこと。立花の初席からのお目見えで話題となってい

一月十日（土）　道具や

時間を遅れて行く。ズボラになった。皆もズボラだ、僕ばかりでない。梅団治さんがつなぎにかゝり、珍芸をやった。うまいものである。円生が三〇〇円くれた。えらいもんだ。協会一同から五〇〇円しみったれている。少し金が出来たから松坂屋でピアノを央枝に買う。金馬[*31]と千万[*32]を聴いて帰る。土産《みやげ》にチョコレートを買う。土産を買って来た時はいい気持だ。実にいい気持だ。床屋へ行く。時間がどうもない。湯へ行ってねる。明日から末広《すえひろ》。

一月十一日（日）　晴／千早振

今日から新宿末広のヒル。少し遅れる。高座は『千早』良かったA。帰りに新星館[*33]で「艦長ホレイショ」60円。たいした事はない。バージニアメイオ[*34]が美しい。帰って床屋へ、120円取られる。小僧がいないと、こう気持がいゝのだが……。

踊りも噺《はなし》も唄《うた》も、皆やらなければと思うと頭がいたくなる。師匠の所へもいかなくてはいけないし。一等社員[*35]も見たいし頭がこんがらがっちまう。新

た。柳亭小痴楽（りゅうてい・こちらく）、のちの春風亭梅橋（ばいきょう）と結婚し廃業。

＊31―三代目三遊亭金馬（さんゆうてい・きんば）、一八九四～一九六四。

＊32―リーガル千太・万吉のこと。漫才師。リーガル千太（りーがる・せんた）、一九〇一～一九八〇、リーガル万吉（りーがる・まんきち）、一八九四～一九六七。

＊33―かつて新宿区にあった映画館。

＊34―ヴァージニア・メイヨ、アメリカの女優、一九二〇～二〇〇五。

＊35―映画「一等社員 三等重役兄弟篇」。

聞のニコヨン[*36]作品集は実にうまく出来ていた。田園コロシアム[*37]でスキーをやるそうである。

一月十二日（月）　浮よ根問

医者によって末広へ。『根問』をかける。良かった。帰りに文化[*38]で「一等社員」と「次郎長初旅[*39]」の二本立を見る。前者はとても面白かった。映画は邦画の方が良い。森繁久弥《もりしげひさや》がうまかった。映画を見たから師の所へよらずに帰る。夜路は実にさむい。

新宿でライスカレー五〇円うまくない。お土産にチョコレートをかう。由雄に五〇円やる。人間なんて気前を良くしなけりゃうそだと思う。

一月十三日（火）　晴／寒／四の字ぎらい

目黒《めぐろ》で省線[*40]が遅れた。じり〳〵して来る。高座で『四の字ぎらい』。うまくない。帰りに稲荷町《いなりちょう》へ用達しに、品物が出来てない。目白へ久しぶりによる。おかみさんと話をする。家を買うそうであるが、百万円なのでだめらし

＊36―「ニコヨン」は、失業者対策事業（終戦後にあふれた失業者を救済するための国の事業）で働く日雇い労働者のこと。日給が二百四十円だったことから「ニコヨン」と呼ばれたなど、語源は諸説ある。

＊37―かつて大田区田園調布にあった多目的野外スタジアム。

＊38―「新宿文化」、かつて新宿末広亭近くにあった映画館。

＊39―映画「次郎長三国志 第二部 次郎長初旅」。

＊40―省線（しょうせん）電車。かつて鉄道省、運輸省が管理していた路線および電車。

い。買ってしまへばどうにかなるものだが……。

師匠と文楽さんと故秩父宮[*41]に会ひに行き死顔《しにがお》を見、その前で一席やったそうである。大へんなもんだ。

染太郎[*42]さんが鳴物《なりもの》もやらなければいけないと云った。もっともだと思う。とにかくおかみさんは良い人である。師匠は甚兵衛《じんべえ》さん見たいである。

一月十四日(水)　晴／道かん

朝、朝《ちょう》さんが来た。一緒に末広へ。また停電。寒くて暗くてやりきれない。『道かん』を演《や》る。一生けん命にやっているんだが受けない。噺も下手になったと円福さんは云う。どうしたらいいだろう。考へると頭が痛くなる。昭和館[*43]で「ハワイの夜」を見る。実につまらない映画だ。岸恵子《きしけいこ》なんて見ちゃいられない。昭美堂が焼《や》けた[*44]。実に気持のいいものだ。その反面恐ろしくもある。上野の用達しに。蒲田でパチンコ、入らない。なにしろ寒い。セーターを着て背広の作業着のジャンバーのオーバーズボン二枚。

＊41―秩父宮雍仁親王（ちちぶのみや・やすひと・しんのう）、一九〇二～一九五三。

＊42―海老一染太郎（えびいち・そめたろう）、太神楽師、一九三二～二〇〇二。海老一染之助（えびいち・そめのすけ、一九三四～二〇一七）・染太郎として活動していた。

＊43―「新宿昭和館」、かつて新宿区にあった映画館。

＊44―一月十四日夜、時計商「昭美堂」（新宿区新宿二丁目）から出火し、両隣にも燃え広がり全焼。多くの野次馬が集まり大混乱となった。

一月十五日（木）

人形町の髙橋さんの所へよって割り[*45]を取り末広へ。少し早目にドロンをして家へ帰る。久しぶりに早く帰る。帰ってもする事がなく、風呂へ行く。東島の家によって一緒に。彼の妹貴代子は気だての良い頭の良いキリョウの良い可愛《かわ》いい子だ。

何だか学校へ行って見たくなった。晝間部《ちゅうかん》の二年でも受けようかしら。でも時間が許すまいと思う。

一月十六日（金）　晴／寒／子ほめ

又《また》皆がカゼを引く。楽屋は誰も来て居ない。一人であけて一席やる。『子ほめ』、たいした事はない。帰りに大黒屋でうな丼百円、安くて量がある。一つで腹一っぱい。

目白へ行く。義公[*46]にチョコレートを買う。「二幸」おぢやを喰う。九時に家に帰る。

稲チャボの家へ行って見ようかしら。何だか会ひたくなった。おかしなも

＊45―寄席の出演料。その日の客数によって計算され、客一人あたりの単価は演者によって異なる。

＊46―五代目柳家小さんの子、のちの六代目柳家小さん。本名が義弘（よしひろ）であることから「義公」。一九四七〜。

のだ。日曜にでも行って見ようかしら。松長、外川、その他の女生徒はどうしたろう。会って見たいものだ。上野でぜん馬[*47]さんにけいこをしてもらう。

一月十七日（土）　はれ／転失気

末広を早いとこ切り上げて本牧[*48]へ、貞花[*49]の会である。客は良く来ていた。たいしたものだ。歌奴[*50]はやな奴《やつ》である。末広で『牛ほめ』、本牧で『牛ほめ』、どちらも良い、特に本牧は良かった。

文楽はいやな奴だ。大げさな事をして。早く死んじまった方が良い。万世橋《まんせいばし》で相撲のテレビ[*51]を見る。けっこうなものだ。

知らない所へぽつんといるのはいやなものだ。

本牧の女中どもをはりたをしてやりたい。

横田から手紙が来た。こう云うのを読むと学校が恋しくなる。実になつかしい。妙なものだ。悲しくなる。

＊47—立川ぜん馬（たてかわ・ぜんば）、一八八六～一九六〇。
＊48—「本牧亭（ほんもくてい）」、かつて台東区上野にあった講談専門の寄席。
＊49—一龍斎貞花（いちりゅうさい・ていか）、のちの六代目一龍斎貞丈（いちりゅうさい・ていじょう）、講釈師、一九二八～二〇〇三。
＊50—三遊亭歌奴（さんゆうてい・うたやっこ）、のちの三代目三遊亭円歌（さんゆうてい・えんか）、一九三二～二〇一七。
＊51—この年の二月一日、NHKが日本初の本放送を開始。それに先立ち、大相撲初場所が実験放送として中継された。

一月十八日（日）　くもり／転失気

九時五〇分頃家を出る。けっこう間に合う。そう急ぐに当らない。『転失《てんし》気《き》』、自分ではだめだが、皆はいいと云った。

帰りは五反田から久ヶ原の稲田先生宅を久しぶりに訪問。喜んで迎へてくれた。色々皆の話をし、僕の話もし、クラス会の話もした。昔へ返ったようでとても良い気持だ。女生徒はたずねてこないらしい。薄情《はくじょう》なものだ。特に松長さんなどは来ていて良さそうなのに、又《また》来てもらひたかった。健全な家庭らしく感じた。藤田に話したら、奴も行きたがっていた。大いにけっこうである。

一月十九日（月）　彌次郎

今松[*52]さんに映画を見せてもらうわけだったが、だめになり一人でサービスセンターへ。飯を二人前食う。食った後、実にやな気持だ。もう二度と無駄食をしまい。大岡山《おおおかやま》から自由ヶ丘に出る。名画座で「彼女の特ダネ」と「学生社長」の二本立を見る。どっちも面白かった。こう云う映画が向いている

＊52―むかし家今松（むかしや・いままつ）、のちの初代金原亭馬の助（きんげんてい・うまのすけ）、一九二八～一九七六。

らしい。簡單《かんたん》な映画に感激し、複雑《ふくざつ》のには反感を持つ。江戸っ子気質とも云うのか、妙なものだ。帰りは実に寒かった。親父と一緒だった。

高座は『ヤジロー』うまくない。

一月二十日(火)　根問

医者によらずに行く。このごろ少しごぶさたをしている。新宿でクツをみがく、20円。高座は『根問』。途中いやんなってきっておりる。円太郎[*53]がなぞをやった。僕もおぼへやうと思う。

目白へ行く。もちとミルクをのんで荷物をもって人形町へ。実に重く、手がだるくなった。人形町で一〇〇円小さんに小遣をもらう。しかしその場でなくす。どう云うわけか自分で解らない。その場で探すのも失礼だからよした。時間がないと云うめい目で先に帰る。昨日、今日といやな日がつゞく。

*53—七代目橘家円太郎(たちばなや・えんたろう)、一九〇二〜一九七七。

一月二十一日(水)

今日も実にいやな日だった。二度ある事は三度の例の通りだった。歌扇[*54]と奴に云われた事は少しだが実にしゃくにさわった。円歌一門は皆いやだ。一人仲間はずれにされるくらいいやな事はない。今におぼえてろ。

朝、風呂へ行く。長さんが来た。医者へ行く。風が強い。村上が三人つれて来た。困った奴だ。ぜん馬さんに噺を『棒や』おそわる。すぐおぼへそうだ。なにしろ帰りは寒い。ちいちゃん[*55]が来ていた。久しぶりに会う。

一月二十二日(木)

一時頃迄《まで》ねている。医者によって、鈴本へ。ぜん馬さんにけいこ『棒や』、もうだいたい出来る。歌奴にざっとあやまっとく。その方が良いから。帰りは円福さんと大江美智子[*56]さんと一緒に帰る。客の入りは実に良い。第一、顔が良い。文楽、志ん生、柳枝、円生、金馬、円生、右女助、さん馬、勝之助[*57]、かつ江[*58]、千太万吉、都上英二[*59]。たいしたものだ。

＊54—三遊亭歌扇（さんゆうてい・かせん）、のちの三遊亭歌太郎（さんゆうてい・うたたろう）、生没年不詳。

＊55—談志のおば、母親の姉。

＊56—二代目大江美智子（おおえ・みちこ）、女剣劇の舞台役者。一九一九〜二〇〇五。

＊57—前田勝之助（まえだ・かつのすけ）、一九〇九〜一九九八、浪曲ものまね師。

＊58—都家かつ江（みやこや・かつえ）、一九〇九〜一九八三、三味線漫談家。

＊59—都上英二（とがみ・えいじ）、一九一四〜一九七九、漫才師。都上英二・東喜美江（あずま・きみえ、一九二六〜一九六二）として活動していた。

一月二十三日(金)　曇り

一時半頃お袋と隣家のおかみさんと渋谷の東横[*60]へ。特別セールだそうである。成程《なるほど》安い。手袋二五〇円、マフラー四五〇円、どちらも良い。気に入った。それを買ひ、目白へ「割り」をとゞけに。風呂へ行ったそうでいない。少し休んで上野へ『棒屋』のけいこ、もうわかった。三平さんは『錦名竹《きんめいちく》』をやっている。歌寿美[*61]が『雑《ざっ》ぱい』をやる。なか〳〵うまいが少しうぬぼれている。

東横のデパートにきれいなのはいない。

一月二十四日(土)　はれ／道かん

久しぶりに土手へ出る。いい気分だ。北川と会う。久しぶり。金内、金子と「松の湯」へ。寄席へ行くので先に出る、医者へよるが留巣《るす》。ジャンバーとサンダルで上野、十分遅る。ぜん馬さんにけいこ『棒屋』、もう大丈夫。久しぶ里《り》に高座へ上る。『道かん』、ざわついているが良かった。短くやったつもりだが十分あった。正太[*62]は長いとぬかした。歌扇と云うのはなんて陰気

＊60―「東急百貨店東横（とうよこ）店」、二〇二〇年閉館。

＊61―三遊亭歌寿美（さんゆうてい・かすみ）、のちの初代三遊亭歌橘（さんゆうてい・かきつ）、?～二〇一〇。

＊62―林家正太（はやしや・しょうた）、のちの五代目春風亭柳朝（しゅんぷうてい・りゅうちょう）、一九二九～一九九一。

な変な野郎だろう。ろくなのはいない。めしをくってねる。

一月二十五日（日）

日曜なので朝早く（十時）起きる。央枝と土手を散歩、医者へ行く。家にいても良い事がなさそうなので出かける。水道橋へ。後楽園でサーカスを見ようと思うが入れず。客とけんかして負ける。しゃくにさわる。上野日活*63で『凸凹猛獣狩《でこぼこもうじゅうがり》』を見る。面白くない。

ぜん馬さんのけいこ十五分遅れる。面ぼくない。歌扇が遅いともんくを云った。何をいってやんでと思う。藤田が来た。帰りは三人で。長さんがとまりに来た。

一月二十六日（月） **くもり**

長さんと小円朝の所へ。八時に起きた。久しぶりに朝の空気をすう。気持が良い。正太が来た。長さんが『牛ほめ』、正太は『時そば』。鈴本へ帰って目白へ行く。少し遊んで（義公と）鈴本へ。『雪てん』をけいこ。萬寿山*64の

*63―「上野日活館」、かつて台東区にあった映画館。

*64―台東区上野の中華料理店。

シュウマイはうまい。一つ十円也。文楽が軽い脳《のう》しんとうを起す。死んじまった方が良い。帰りに仕方なし、黒門町へ長さんと。円歌も歌扇も悪いらしい。どいつも皆んな死んじまへ。

一月二十七日（火）　みぞれ

十二時までねた。まだいくらでも寝《ね》られる。不思議なくらいだ。風呂へ行き医者により鈴本へ。空は雪と変り非常に寒い。エリマキと手袋はそうとう役立つ。御徒町《おかちまち》で乗越《のりこし》手数料一〇円。馬鹿げた事をやる、と思った。一〇分遅れる。けい古は休み。円歌が肺炎になった。死んじまへばいいのに。代演、正蔵。[*65] この方があっさりしてて良い。29分で帰る。早い。行きにFRに会う。いつみてもきれいだ。可愛いい顔をしていると思うた。

一月二十八日（水）　曇り／十徳

ゆっくり起きる。こたつに入って又ねる。二時半に家を出る。ぜん馬さんの噺のけい古『のし』である。長い割りに面白くない。高座で『十徳』、良

*65―八代目林家正蔵（はやしや・しょうぞう）、のちの林家彦六（はやしや・ひころく）。一八九五〜一九八二。

くない。歌寿みは生意気だ。文楽代演、可楽。*66 円歌代り正蔵。目蒲線《めかま》、ずい分女学生が乗《の》っているが、きれいなのはあまりいないものだ。帰りにはーちゃんに会い、シナソバとお菓子と志る粉をごちになる。なんだか悪い様な気がする。

少し寄席を休みたいものだ。

一月二十九日（木）　晴

早く起きようとするとねむい。不思議なものだ。医者に行き十一時半に家を出る。土手ずたいに沼部《ぬまべ》迄歩るく。風はあるが割に暖かく気分がいい。沼部から目白へ。目白から池袋へ出て下尾久《しもおぐ》の円歌宅へ見舞に。誰もいないので帰る。田端から上野へ。けい古をして（いやんなる）、夜席をつとめて帰る。前田勝之助は良い人である。

駅員を入れてやるのをすっかり忘れた。悪い事をした。さっそく謝りに行かねばなるまい。明日は休むつもり。バレなければ良いが。

*66―八代目三笑亭可楽（さんしょうてい・からく）、一八九八～一九六四。

一月三十日（金）　くもり

今日は朝さんに頼《たの》み、頭痛とやらで席を休む。しかし何だか気にかゝる。家でブラ〳〵している。あまり面白くない。北川等とも会う。つまらない。夜になり、六時に来ると云った朝さんが来ない、心配だ。駅員に浅草ザのキップをもらう。明日行って見よう。

藤田に会う。相変らずいい奴だ。ミルクを御《ご》ちになる。本をかり、バターン、赤沼*67戰《せん》をききながらねるとする。

一月三十一日（土）　晴／寒

早いものでもう晦日《みそか》である。相変らず寒い。朝「朝さん」が来る。うまくいったらしい。くだを巻いて帰っていった。ヒる近トなって起きる。土手へ散歩。いつ出ても気持がよい。野火をする。これも大好きである。貸本「ひまわり娘」、源氏鶏太《げんじけいた》*68おもしろい。

渋谷から地下鉄で浅草へ、浅草座*69のストリップを見る。セントラル*70より面白い。時間がないのですぐ帰る。けい古をして髙座へ。『初雪や*71』ねたおろ

＊67―赤沼明由（あかぬまあきよし）、ボクサー。

＊68―昭和のベストセラー作家、一九一二〜一九八五年。

＊69―「ロック座」。「浅草ロック座」とも。

＊70―「新宿セントラル劇場」、かつて新宿区にあったストリップ劇場。

＊71―『雪てん』のこと。

し。うまくない。下手でもない。歌寿みは、いもみていだ。
実に月日のたつのは早いもので、もう二月である。

二月一日（日）　雪てん

師匠が帰って来るので、朝四時半に起き五時〇八分の一番で東京駅へ。外は眞暗《まっくら》。寒いので頭《ず》キンをかぶりブドウ酒をのんで行く。京浜が一番寒い。小きん[*1]、小春[*2]も来る。

六時八分着で帰って来た。一緒に目白へ。朝食をとり家に帰る。金城[*3]による。実に健康的な家である。野火をしたり家でブラ〳〵するが眠いのでねる。二時半頃家を出る。十番へ。実に気持が悪るい。風《か》ぜであらう。まったくいやな気持だ。明日から又《また》休み。

二月二日（月）

風《か》ぜを引きほっぺたを化膿《かのう》させジンマシンを出し、一日中家でねている。面白くも何ともない。医者へ行ってペニシリンを打ってもらう。ついでに本屋へよる外《ほか》は一歩も外へ出ず。ねているのも楽に非《あら》ず。

東島が二度ばかり来た。

待っていたが朝《ちょう》さんは来なかった。

＊1―柳家小きん（やなぎや・こきん）、のちの四代目柳家小せん（やなぎや・こせん）、一九二三〜二〇〇六。

＊2―柳家小春（やなぎや・こはる）、のちの二代目柳家さん助（やなぎや・さんすけ）、一九二六〜二〇一一。

＊3―前出・金城医院（耳鼻科）。

寄席をしじゅう休む様で気がねである。（三平さんは気がねをしなくも良いと云《い》ったが）

二月三日（火）

やはり気持は良くない。今日も休もうと思う。朝に朝次さんが来た。又くだを巻《ま》いて帰って行った。面白い奴《やつ》だ。

する事がないので鉄砲《てっぽう》を打ったり本を読んだり。三時頃医者に行く。傷あとを切りバンソウコウをはられる。

夜、裏の寺で豆まきがあった。暁ちゃんが来ていた。きれいになった。だから少し寒いのを我慢して見ていた。家へ帰り豆をまく。やはり寒い。

二月四日（水）　くもり

まだ気分が悪るい。相変らず寒。時々起きて見るがやはり寒い。傷あとはだいぶ引いた。ペニシリンはやはり良くきくと思った。僕の病気は物は平気で多すぎる程《ほど》食べられるのが不思議だ。この頃風ぜとは別に何か気持が晴《は》れない気がする。いろ〳〵理由は有るんだが。
家にいるのも楽ぢゃなし。あまり続けて休みぐせにならなければよいが。

二月五日（木）　**晴**

雪が降らず良い天気である。気象台も当にならない。電気は最悪らしい。面白い。朝（十一時近く）に朝次さんが来る。噺《はなし》のけい古をする。メシを食べ三時頃出るが寒いので行かずに帰る。明日から行かうと思う。床屋へ行ったので、サッパリスル。ついでに風呂《ふろ》も行きたいのだが……。夕方チョット東島が来た。大きくなった様な気がする。しかし相変らずである。夕食後何だか気分が悪るい。実にゆうふつである。

二月六日（金）　**晴／寒い**

今日から行くつもりで目白へ行く。途中長さんに会ひ一緒に行く。一人で目白に行く。オカミさんに会う。師は録音に出かけ留すである。まだ休んだ方が良いと云われた。

帰りに上野鈴本《すずもと》へ定期のしょう明をもらうも馬鹿旦那《ばかだんな》がいた。いやな野郎だ。省線《しょうせん》にのり蒲田《かまた》廻《まわ》りで帰る。テーキがないと電車ちんでも一〇〇円する。今日も休みだ。

藤田の所へ行ったり、夜斉藤さんへ俳句の事をきゝながら九時頃迄《まで》遊ぶ。

二月七日（土）　雪てん

久しぶりだ。実に風呂は良い気分だ。十五円がちっとも高《たか》くない。それにくらべて電車賃の高いこと。なんと僕のテーキが一月千二百七拾《じゅう》円である。行く途中FとOに会う。何だか良い事が有る様な気がする。横田から手紙が来た。明日藤田と相談しよう。久しぶりに寄席へ行く。高《こう》座は『雪てん』うまくない。又行きづまりかもしれない。一ノ橋で電車を待ちながら考へる。淋《さび》しい様な楽しい様な、やはり淋しい気持だ。

二月八日（日）　晴／雪てん

朝手紙を持って藤田の家。一緒に金城へより土手を散歩。多摩川でボラのとれるのにはおどろいた。明日、朝さんと朝早く行って見よう。藤田の家の裏でベーゴマをする。相変らず面白、いつになってもやめられない。稲《いな》田先生の所へ行かうと云ったがやめる。

午前中あれほど暖かかったのが、午後になると実に寒い。十番へ『雪てん』。うまくない。明朝魚取りに行くので朝さんは家にとまる。

二月九日（月）　晴／雪てん

八時前に起きて魚つり、いや魚取りに多摩川へ。始めは実に寒かったが正午近くなり暖かくなる。しかしどう云うわけか魚はとれない。がっかりする。ダムの方にはいるらしい。不漁である。医者へよらず朝さんと目白へ行く。朝さんは足袋《たび》をもらう。奴はいつも遠慮しない。十番は『雪てん』。良くなった様だ。ぜん馬さんのけいこ『のし』、道中実にねむい。

二月十日（火）　はれ／棒や

今日こそはと思ひダムの方に魚とりに行くがダメ。いるにはいるがはしっこい。皆取っているが僕等だけに取れないと云うのは変だ。やはり下手らしい。帰りにがっかりしてそうとうくたびれる。昼食《ちゅうしょく》をし、医者へよるがるす。蒲田から日暮里《にっぽり》、小円朝《こえんちょう》の所へ。モチを喰《く》う。大門から十番へ。ずっと朝さんと一緒。高座で『棒屋』ネタ落し。

一日暖かかったが眠かった。

明日は久しぶりに映画。

二月十一日（水）　はれのち曇り／棒や

ゆっくり寝《ね》た日は気持が良い。朝、雨が少し降る。ほんの少し。もう少し降っても良い。曇《くも》っていて南風。とても暖かである。十二時半に蒲田に東映で「母子鳩」「魚河岸の石松」、二本立。朝さんの顔《かお》で見る。母子鳩はつまらない。石松は途中に出る。

東京・上野から池袋へ。『棒屋』を高座に。昨日より良い様な気がする。

映画を見終った頃から晴れて、非常に暖かである。美ち子さんと一緒に帰る。三十六分発蒲田行。

二月十二日（木）　はれ／暖／雪てん

夢でねむくて仕方がない。不思議だ。実に暖かい。土手を散歩する。誰か来たらボートにでも乗《の》ろうと思ったが誰もいなかった。風呂へ行く。飯をたひて池袋へ。目白へよる。義公にメンコをかって行く。るすだった。池袋でパチンコをしてミルクをのんだ。『雪てん』をかける。良くなった。ナマリがあると今松さんは云った。十五日をどうしようか、ともかく手紙を出しておいたが……。

ねむくなる様な一日であった。

二月十三日（金）　雨／寒／棒や

久しぶりにゆっくり寝る。朝次くんが来る。一緒に蒲田へ映画を見ようと思ったが時代物ばかりで面白くなさそうでやめる。小円朝の家へもちを馳走《そう》になり、池袋へ。プルマイド屋で八千草薫《やちぐさかおる》*4の写眞《しゃしん》を買う。実にきれいな顔をしている。女優の中で一番だろう。写眞を見ていると気分が清《きよ》かになる。ファンレターの一つも書きたくなる。ずい分変ったものだ。それほど美しい顔だ。近所の女学生なぞ何人集まってもかなわない。

二月十四日(土)　くもり/寒/道かん

朝寒い。そうは暖かくない。やはり二月である。朝うるさくってねていられない。しかしねないと後でねむいのでむりにねた。食事をして一時半ごろ家を出る。

医者はるす。新宿による。末広《すえひろ》で噺をきく。芸術はセコな奴ばかりだ。四時に目白へ。近所の小供と遊ぶ。小供等にもてる。師匠も帰ってきた。池袋へ。高座は『道かん』。皆がうまいと云った。声が悪るい。皆は普通と云ったが。

さん馬のトリはいー。

府中で花火工場が爆発*5した。日食があった。薫さんの写眞を見てねる。

*4―女優、一九三一〜二〇一九。

*5―小勝多摩火工爆発事故(おがつたまかこうばくはつじこ)、現府中市で起きた火薬工場の爆発事故。

二月十五日（日）　はれ／暖／牛ほめ　根問　雪てん

早く起きる。藤田の家へ少し遅れて横田と栄ちゃんが来る。横田は医科学生見たく不精《ぶしょう》に人相が悪くなり、栄ちゃんは立派になった。四人で土手を散歩。時間がないので沼部《ぬまべ》で別れる。実に残念だ。やはり朝さんにたのめばよかった。朝さんは由雄と映画に行った。

池袋でヒルは『牛ほめ』、夜は『根問《ねどい》』、下げぎわが悪るい。六時に駒込《こまごめ》の笑ひの会へ。『雪てん』を出す。晝夜なのでさすがにつかれる。

どうも一日面白くない。くつ下どめをなくした。外はいい日曜だった。

二月十六日（月）　晴／雪てん

好天気が続く。朝眠いが無理して小せん[*6]の家へけいこに。麹町《こうじまち》四丁目、実に良い家である。アメリカ式とも云うのか、娘が建てたそうである。なる程《ほど》きれいな人だ。

新宿による。助六[*7]、小柳枝[*8]、枝太郎[*9]の噺をきく。目白へよって義公と風呂へ行く。池袋へ。髙座で『雪てん』声が出ない。苦るしい。

＊6―三代目柳家小せん（やなぎや・こせん）、のちの二代目古今亭甚語楼（ここんてい・じんごろう）、一九〇三～一九七一。

＊7―七代目雷門助六（かみなりもん・すけろく）、一八九八～一九六一。

＊8―七代目春風亭小柳枝（しゅんぷうてい・こりゅうし）、一九二一～一九六二。

＊9―二代目桂枝太郎（かつら・えだたろう）、一八九五～一九七八。

朝次さんはこの下席《しもせき》、川崎[*10]に廻《まわ》されるらしい。小さんの野郎、横暴だ。とにかく小せんの家は立派だ。

二月十七日（火）　棒や

少し遅く麹町の小せん宅へ噺を教《おそ》わり御飯を御《ご》ち走《そう》になる。息子が居た。たるんだ顔をしている野郎だ。

新宿の女中さんに新東地下[*11]に入れてもらう。「夏子の冒険《ぼうけん》」たいした事はない、天然色[*12]。桂木洋子《かつらぎようこ》[*13]が印象的だった。

池袋で『棒や』、うまい。終りに「小さんそっくり」の声有り。大いに気をよくする。小伸[*14]さんが出て来たそうだ。だから朝さんと一緒になる。有難い。食ひすぎで胃の調子が悪るい。

二月十八日（水）　くもりのちはれ／寒／道具や

早く目が覚《さ》める。用の無い時にかぎって早く起きる。妙なものだ。朝次君が来る。ひる頃迄家にいる。一時に一緒に出きん。金城へよって上野へ。僕

＊10―「川崎演芸場」、かつて川崎市京急川崎駅前にあった寄席。一九六二年廃業。
＊11―「新東地下劇場」、かつて新宿区にあった映画館。
＊12―カラー映画のこと。「白黒映画」に対して「天然色映画」「総天然色映画」などと称した。「夏子の冒険」は、日本製カラー映画の第二弾。
＊13―女優、一九三〇～二〇〇七。
＊14―柳家小伸（やなぎや・このぶ）、のちの五代目柳家つばめ（やなぎや・つばめ）、一九二九～一九七四。

だけ鈴本へよる。馬風の噺は実に良い。なる程竹蔵[15]は少しいかれている。小さんを待ったが来ないので出る。ニュースを見ようと思ひやめる。目白へ行く。るすである。

スケートを見て池袋へ。『道具や』をやる気がない。実に下手《へた》である。又カゼを引いたらしい。ヘントウセンが実に痛い。

二月十九日（木）　はれ／暖

すっかり風ぜを引いたらしく、のどが非常に痛い。医者に行ったがるす。仕方なく麹町へけい古。『豆や』を上げる。新東地下で「吹けよ春風」を見る。五〇円。良かった。

池袋へ行く。のどがいたい。噺は出来ない。早く帰らうと思ひやめる。帰りにライスカレー30円。のどがいたくない、不思議だ。ウノ木[16]の新聞やで明星[17]を買う。ずい分金を使った。正太《しょうた》はけちな野郎だ。そのくせ大きな事を云う。

好天気が続く。

＊15―橘家竹蔵（たちばなや・たけぞう）、のちの八代目橘家円蔵（たちばなや・えんぞう）、一九三四〜二〇一五。

＊16―東急目蒲線の「鵜ノ木」（当時）。談志が住んでいた実家の最寄り駅。ただし、実家の住所は大田区調布嶺町（旧町名）。

＊17―前年（一九五二年）に創刊された月刊の芸能雑誌「明星（みょうじょう）」（集英社）。

二月二十日（金）　曇り

二時頃家を出る。医者によって行く。のどにくすりをつける。目白へ行く。小伸さんがいた。久しぶりである。下宿をするそうである。スケートに行く。僕はすべれないからやめる。

池袋へ行く。高座を今日も休む。なぞを考へながらくらす。パチンコ30円、入らない。ラーメン30円、うまくない。そばが出る。喰ったが後みが悪るい。朝さんと目黒《めぐろ》で待ち合せる。

ウノ木のキッサ店へ入る。

二月二十一日（土）　雪／寒／棒や

朝雪が降る。少しみぞれになり又雪になる。夕方になり増々降って来る。明日はそうとう積るであらう。朝さんと一緒に新宿へ。二つ目に上って『棒や』を演じる。声が悪るい。C級である。帰りに志ん吉[*18]、正太、三平さんの噺は三平さんの『源平』は近来にない出来だった。後は全然進歩がない。特に志ん吉はひどい。帰りにカレー五〇円。雪は増々卍巴《まんじともえ》と降りしきる。雪は

＊18―古今亭志ん吉（ここんてい・しんきち）、のちの六代目古今亭志ん馬（こんてい・しんば）、一九三五～一九九四。

豊年のみつぎ、けっこうである。

二月二十二日（日）　晴／寒／雪てん

一面の銀世界、ずい分積った。早起きをして土手へ行く。実に良い景色である。どこかのお嬢《じょう》さんにスキーをかりたり、女学生と雪なげをしたり楽しくすごす。山中、北川、金内、金子等もいたがあまり僕らと遊ばない。こっちも女学生と遊んだ方が面白いから……。

山中、北條もその気持らしい。雪遊びに名ごりはあったけど、末広へ。『雪てん』うまくない。山中も一緒に行った。円福さんが又倒れた。帰りにウノ木でぜんざい等を食う。この所ずい分金を使ふ。いけない事だ。明日の東劇は一応やめる、残念。午前中は実に楽しく昼からいやな一日であった。

二月二十三日（月）　棒や

十時に出る。人形町《にんぎょうちょう》へ。途中長田さんの叔母《おば》さんに会う。ずい分落ぶれたものだ。割りを取りて中央線で新宿へ。電車内でとても可れんな女の人が居た。伊藤なにがしとか云う人である。

高座『棒屋』うまかった。どうも初日から楽屋が面白くない。正太がいるせいかも知れない。今日なぞはけんかごしになった。終って、馬鹿旦那から証明書をもらって映画へ。セントラル・大映・日活・東宝・少しずつ見る。「キリマンジェロの雪」を見る。よくわからない。

ねる時間はやはり12時。

二月二十四日（火）　はれ／暖／子ほめ

八時に家を出る。ラッシュアワーである。又良きかなである。朝さんと待合せ文治《ぶんじ》宅へ。稲荷《いなり》まつりである。赤飯をいたゞき末広へ。帰りにセントラルへ長さんと出て文化に入れて、都電でつきじへ。石田さんの長男と東劇[*19]前で待合せ、映画「ライムライト」、チャップリンたいした事はない。観劇中非常にねむい。何かこの頃空虚感とでも云わうか、自分自身何をしているかわからず何をしたか思ひ出せない。

明日から小さんのけいこ、久しぶり。

＊19―「東劇地下映画劇場」（当時）の映画館、のちの東京劇場。

二月二十五日（水）　くもり 雨／転失気

皆風《か》ぜを引き寝《ね》込《こ》む。9時起きをしてメシをたき目白へ行く。『狸《たぬき》』をけいこ。教わっていて吹き出すくらい面白い。末広へ行く。円福さんが死んだそうだ。あれ程仲が良かった人が死んでも感じないのはどういうわけだ。冷血感なのかしら。とに角終って朝さんと神田へ行く。眞先《まっさき》に線香を上げて帰る。でもまあ〳〵である。

皆、佛《ほとけ》を悪くいう。いけない事だ。さすが小《こ》さんと小円朝は云わなかった。

風呂へ行く。

二月二十六日（木）　雨／寒／千早や

メシも食わずに目白へ。駅前でうどんかけ二〇円うまくない。『狸』のけいこ。金太郎[*20]さんが来ている。新宿へ行く。『千早振る』うまくない。声が悪るい。パンを買って食ふ。カレーパンを食べたので胃が変んになった。帰りに木村行奴[*21]さん宅へよる。ごはんをいたゞく。胃が変なせいかうまくない。早く帰ろうと思ったが10時になった。

＊20―二代目山遊亭金太郎（さんゆうてい・きんたろう）、のちの二代目桂小南（かつら・こなん）、一九二〇〜一九九六。

＊21―木村行奴（きむら・ゆきやっこ）。浪曲師・初代木村重行（きむら・しげゆき、一八九五頃〜一九四五）の弟子。

朝さんも一緒に来てとまる。どうも物おぼへが悪くなった。

二月二十七日（金）　晴／棒や

眠い！　よわったものである。我慢して目白へ。沼部迄歩いて土手は若芽が出ている。いよ〳〵春だ。けい古終って新宿へ。『棒や』。いよ〳〵声が悪るくなった。どうしよう心配だ。映画も見ず、ムダ使もせず眞直《まっす》ぐに帰る。久しぶりに井川の家へ遊びに行く。奴はいなかった。玨子が大きくきれいになった。夕飯後床屋へ行く。百二拾円也。驚く。日曜日ボート乗りに行きたいが相手がいない。早くねる。

二月二十八日（土）　晴／暖／狸

早くねた日は早起きが出来る。風が割りに強いが良い天気。土手づたいに沼部へ。いつ来ても土手は良い。実に良い所だ。目白へ行く。弟子志願者が又来たそうである。

『狸』を上げて末広へ『狸』のネタ下ろし。D、ナッチョラン。

夜小せんの会。『道かん』、まあ〳〵である。超満員である。円太郎のナゾは実にうまい。小春いよ〳〵大阪へ発つらしい。明日から「まつみ亭[*22]」である。

金がずい分入った。有難い。

*22―かつて荒川区三河島（現在の荒川区荒川）にあった寄席。

三月一日(日)　くもり 雨／暖／狸

早や三月である。さすがに暖かである。実にいい気候だ。曇っているのが玉にきず。土手へ出る。ひばりが鳴いて春景色。大倉山《おおくらやま》[*1]。梅林は八分咲だそうである。行って見たい。午前中はどこえも行かず、久しぶりにたいくつをする。北川、東島、金内等に会ふ。面白くない。女の子はいない。

上野へよって三河島[*2]へ。『狸《たぬき》』を演《や》る。C級である。まあ〱だ。まつみのお嬢《じょう》さんはわり合いける。上野で土産《みやげ》をかって帰る。

三月二日(月)　小雨／狸

十二時頃迄《まで》ふとんの中にいる。医者へより風呂《ふろ》へ。久しぶりにさっぱりする。蒲田《かまた》から日暮里《にっぽり》、三河島へ。ヒルは講釈。六人ぐらいしか入っていない。若燕[*3]のトリ。一人入ったので始める。その一人が酔客である。何か云《い》う。不思議にシャクにさわらなかった。でも途中で『狸』をきって下りる。途中迄貞花《ていか》と一緒に帰る。まつみのお嬢さんは僕に何か云う。気があるらしい。

*1—「大倉山公園」、大田区にある公園。

*2—「三河島（みかわしま）」は、かつてあった寄席「まつみ亭」の最寄り駅。

*3—三代目桃川若燕（ももかわ・じゃくえん）、講釈師、一九〇〇～一九五九。

三月三日（火）　**はれ くもり あめ／寒／狸**

日本晴《にほんばれ》の暖かな実に良い天気。バットを持って土手を散歩。実に良い景色であり、良い気持だ。朝《ちょう》さんが来る。ひるめしをたべ、一緒に朝さんの会社、学校（矢中）をまわって上野水族館へ。ずい分歩いた。地下道で別れる。

日暮里のあずまやでカレーをたべる。五〇円。まつみへ、けっこう来た。右女《うめ》『狸』小さい声で噺《はな》す。しかし終りの方はいけない。よわったものだ。右女助《すけ》のとりは早くていい。夕方雨になる。

三月四日（水）　**晴 くもり／狸**

早く目が覺《さ》めるが起きるのがおっくうである。十一時に起きる。朝さんが来る。一緒に土手づたいに亀の子山[*4]へ。途中大田高[*5]の生徒がいる。セコトウスケばかり[*6]である。しかし溌《はっ》らつとして青春の息吹きを感じる。

多摩川園[*7]から目白へ。るすなので日暮里から三河島へ。高座《こうざ》へ『狸』。常連が来ていたので上って実に下手《へた》な噺《はなし》をした。

こゝの娘が好意があるらしいが何か前科？のある感じだ。

＊4—「亀甲山古墳（かめのこやまこふん）」のこと。多摩川台公園（大田区田園調布）にある。

＊5—「東京都立大田高等学校」のこと。「東京都立田園調布高等学校」の旧称。

＊6—楽屋の符丁で、「器量が悪い」の意。

＊7—かつて大田区田園調布にあった遊園地。

スターリン重態。[*8]

三月五日（木）　**くもり／寒／豆や**

出抜けのつもりでべん当をもち出かける。嶺小[*9]へ学芸会を見に行く。すぐ土手づたいに帰る。三田の生徒が農業をしている。女学生というのは皆でぶくくしている。曇っていて肌寒い天気だ。家えよらず目白へ。噺のけいこをし、四谷迄用達しに。

末広《すえひろ》で喜円遊[*10]をきく。うまくない。

どこかで金をおとした様だ。四谷の駅の階段でころぶ。鈴本《すずもと》から三河島へ。客なしで『豆や』D。足がだるい。又風《またか》ぜか。給金を前借りしたので休めない。

三月六日（金）　**晴／狸**

晴れているが風が冷たい。秋の様な天気である。午前中と云うものは実に静かでのんびりしている。十二時ごろ家を出の、上野へつきの、風呂へ行き

＊8―この日、旧ソ連の初代閣僚会議議長ヨシフ・スターリンの重体が日本で報道され、翌三月五日死亡。

＊9―大田区立嶺町（みねまち）小学校。十歳年下の妹・央枝が通っていた。

＊10―四代目三遊亭喜円遊（さんゆうてい・きえんゆう）、のちの春風亭枝葉（しゅんぷうてい・しよう）、一九二九〜一九八二。

の、と時間のあるのは気持がいい。とに角《かく》六時開演だから。本牧《ほんもく》はいやな奴《やっ》ばかりいる。なぐってやりたいくらいだ。上のをはねてからゆっくりまつみへ行ける。

『狸』を演る。良かった。久しぶりの出来だ。このぐらいなら大丈夫である。ぜん馬師から『桑名船《くわなぶね》』をならう。

八千草薫《やちぐさかおる》の写眞《しゃしん》が美しく感じなくなった。

三月七日（土）　晴／暖／狸

晴れてはいるが風の強い一日であった。午前中は家でゆっくり。午後から朝さんと二人で出かける。蒲田のサーカスに入る。面白くない。サーカスは不健全な物とつくぐ〳〵思った。朝さんの言傳《ことづて》で小円朝《こえんちょう》の家へより、「花家」で夕食をし、まつみ亭へ。『たぬき』をやる。落ついて来た。早く終演で29分で帰る。松坂屋で乾《ほし》ブドウ二百匁《もんめ》百二拾《じゅう》円やすい。

ソ連の首相マレンコフときまる。[*11] はたしてどんなものか。

風さえなければいい天気だが。

＊11―スターリンの後任としてゲオルギー・マレンコフが旧ソ連の第二代閣僚会議議長に就任する。

三月八日（日）　晴／寒／狸

一日の内にこうまで温度が変るものかと思ふ程《ほど》夜は寒い。日曜なので家にいれば何かいゝ事があると思ひがんばっていたが、誰もいない。Fに会ふ。きれいに見えなくなった。央枝《ひさえ》をつれて多摩川園へ行く。面白くない。すぐ帰る。帰りにゴルフを見る。うまいものだ。晴れてはいるが風が強い。三時半に家を出る。小円朝・志ん生のとこへよる。『狸』ずい分ま違ひる。右女助代演、小《こ》さん。朝さんと一緒に帰る。日曜は面白くない。

三月九日（月）　晴／暖／狸

くもった空がからりと晴れ小春日よりだ。土手づたいに多摩川に出《い》で大倉山梅林へ。日吉《ひよし》をすぎるともう田園風景である。久しぶりであり、そう快な気持だ。梅林はさしたる事とも思へぬが、公園の暖かさ及び景色の良い事に驚く。女学生が色とりぐ〵のセーターで遊びたわむるを見る。又目につく。

話をし友達になりたけれど二人ではきっかけもなくむなしく帰る。残念。次朝には二人でこよう。

三月十日（火） **晴／暖／狸**

再三再四誘った。向うも来たかったろうが、ダメだった。成瀬はプライドを持てと云った。そうかも知れない。後でよかったと思う。

まつみのお嬢さんと段々親しくなる。以後文通をしよう思ふ。友達がふえると僕見たいなム芸な者は困る。社交機関が一つもない。写眞もとれずスケートも出来ず、もちダンスもだめ。

又此《これ》が良いのかも知れない。

久しぶりに気持の良い噺をした。明日から新宿末広。

三月十一日（水） **強風／暖／狸**

ぜん馬さんのけい古のため早く末広へ。小春の代りをたのまれ晝《ひる》をつとめる。途中風呂へ行く。夜の部サラに『狸』を演ずる。成瀬等がきていた。大受けだった。外は大雨、風をともないものすごく。又、南風の湿けのある暖かい天気だ。今松《いままつ》さんに色々はなしをきく。なるほどと思ふ。
大角力《おおずもう》大阪場所、横綱がコロ〳〵負《ま》ける。だらしないことおびたゞしい。

三月十二日(木)　**くもり 強風／寒**

早く末広へ。けい古をして、又帰る。『兵庫舟《ひょうごぶね》』はやれそうもない。家の方には誰もいない。塩田が遊びに来た。稲田《いなだ》さんの宅へ行かう、いう。皆同じ気持らしい。三時半に出る。一人前座になると気がねがいる。志ん吉《しきち》はなまけ者でしようがない。なぐってやろうかしらと思う。
夜風は強く又冷たい。身にしみる。淋《さび》しい。早く春が来ないかとねがう。

三月十三日(金)　**はれ／暖／ぺんを落したがっかり**

新東地下で「まごころ」を観る。良かった。主演、石浜朗《いしはまあきら》の演技より。自分にもおぼえのある様な気がした、いや確かにあると思った。と角《かく》僕は映画を冷性な目で観る性分に、この映画は段々引きずられた。悲しく涙《なみだ》がにじんだ。清く悲しい青春《せいしゅん》の一頁《ページ》に感じた。終ってしばらく目をとじて餘韻《よ》を楽しんだ。観客は席を取り合った。しゃくにさわって来た。

三月十四日（土）　くもり／寒

どう云う解《わけ》かいやな気持の一日であった。どれが原因か解《わか》らないが、何しろ不快な一日だった。志ん吉に対する事も一因だったし、その他思ひ出そうとしても解らない。又は昨日の映画からの影響かも知れない。今の自分の境遇がいやになった。

青春なんてこんなものじゃない様な気がする。老後の爲《ため》に苦労するなんて、若さをギセイにするなんて、たまらなくいやだ。

三月十五日（日）　はれ／寒暖／たぬき 根問

晝夜《ひるよる》つとめるとかなり労《つか》れる。その代り金になる。春かすみの日曜を晝夜楽屋にいるのかと思うとなさけなくなる。と云って家にいてもする事はないんだがやはり家にいたい。志ん吉をとう〳〵おどかしてやった。くせになる。

晝夜高座をつとめる。『たぬき』に『根問ひ』。下手な事おびたゞしい。野添《のぞえ》ひとみと云う女優が「まごころ」以来気になる、又目につく。
内閣はいよ〳〵解散。[*12] しようがない。

三月十六日（月）　寒／雨

一日中雨の降りやまぬ冷たい天気。まだ春は来そうもなく思った。弟をつれて行く。小言《こごと》を喰《くら》ったせいでもあるまいが何となく不愉快な晩であった。帰りにウナ丼を食う。ム理をした。タマには良いだろう。藤田とフロへ行った。おたがいに女の噺をするのは面白いし又、大好きだ。北川は妙な人間になった。もと〳〵そう云う所はあったが、定った人としか交際の出来ない奴だ。困ったものだ。

三月十七日（火）　くもり／寒

又寝坊《ねぼう》になった。朝さんと東島が来た。由雄《よしお》もまじえて花札を。久しぶりである。陽気で実に愉快だ。男同志ではこう云う楽しさが有り、又女友達と

＊12―「バカヤロー解散」といわれた衆議院解散（首相・吉田茂）。

も又変った良さがある。やはり後の方がよい。

出かけに中山さんに会う。大きくなった様な気がする。一緒にゆっくりどこかで話がして見たい。家へ呼ぼうかしらと思ったが、考え物だ。

寄席で元気がなくはり合《あい》がない。いやな所だ。家の楽しさと比較するからかも知れない。

三月十八日(水)　晴

土手へ二度も三度も行く。やはり推理は正しかった。やはり来ていた。えらいものだ。話すきっかけが有ったのだが、おしくもだめだった。この頃消極的になった様だ。でもこのスリル、楽しさはなんとも云えない良さがある。空は春かすみの好天気だし、風こそ強いがもう春である。北川は「まだそんな事をするのか」と云った。何て馬鹿な奴なんだろうと思った。東中生[*13]は皆大学落ちらしい。だらしのないものだ。

＊13―「東中」は、談志が通っていた新制東京中学校(大田区)のこと。

三月十九日（木）　晴／暖／希望

口《く》やしかった。歯がゆかった。実に残念だった。絶好の機會《きかい》を。何とも云えない。それこそ何とも云えない気持で後姿を見送った。本当の「まごころ」の気持だ。今日ぐらい多勢《おおぜい》の女と会ったのも珍らしかった。しかし求めるのは一人である。この甘いせつない気持も冷静《れいせい》になって考へると又良きかなである。一人を外いてもうよそうと思った。こんな複雑《ふくざつ》な気持は又とないであらう。又明日だ。希望だ。

三月二十日（金）　雨／暖

午前中は南の強風が吹き、夜に入って非常にムシアツくなる。電車に乗っていて汗ばむくらいである。今日は風が吹いたので土手へは出られずたい屈をする。昨日は金内、金子。今日は東島とつれて行き銭がかゝる。なにしろ暖かい、暑いくらいである。気味が悪るい。今日の気持は落ついて来たがときぐ〵出て来る。明日は早いし又いそがしくなる。少しの間やめである。やはり山中の方がこう云う時たのみでがある。しかし自分は一人。

三月二十一日（土）　晴／寒暖強風／狸

暖かいが風は冷たく夜などは外は誰もいない冬景色である。朝・書つとめるとつかれる。いゝ天気だ。土手で遊びたいとも思った。しかしすぐ消えた。その代り早く帰りたいと思った。あまり良い事はなかった。ガータを落し、きたない風呂に入り何とも気分が悪るい。どうしてこう風が吹くのか、いやな風だ。楽しみをジャマする様な気がする。

久しぶりに『狸』を演る。たいした事はない。変化がほしく思う。

三月二十二日（日）　晴／狸

今日も好天気。上野の人出はものすごい。いい連休だ。山中と一緒に行く。夜は家にいてもおそらく面白くない。Hなんぞと高《たか》をくゝっていたらしっぺ返しをくった。しゃくだからおどかしてやった。どう思ったろう。心配でもあり、よせばよかったとも思った。

まあ何でもいいや！

朝よりも夕方が眠いのでよわった。でもあと一日である。

嘶が又又セコになった様な気がする。

夜は寒い。書は暖かい。玨子がきれいになった。

三月二十三日（月）　雨／寒／道具や　たぬき

ラッシュアワーてやつにぶつかる。これも又好きなふん囲気だ。いゝものである。残念に学生は乗《の》ってなかった。今日で三日目さすがにつかれる。正《しょう》太《た》の奴は又感じが悪るくなった。

帰り駅まですぶぬれになる。どうにでもなれと捨鉢の気持になった。

夜、山中が来た。横田から手紙が来た。文面が本当なら面白いのだが、僕は本当に思えた。

又々嘶がセコになったが、それより声の悪るいのに驚く。やさしい言葉が出なからうと思う。平凡な一日。

三月二十四日（火）　晴／根問

出がけに横田の家へよったが留《る》すだった。鈴本へ行く。三日間の金が思ったより入った。うれしかった。金があると気がゆったりとし、落ついて来る。久しぶりに『根問ひ』をかけ、つとめて眞《まっ》すぐに帰る。

家にいるとどうも無駄使いをして困る。風呂へ行く。やはり松の湯が僕にとっては一番いい。東京浴場はいけませんと思った。誰か女学生に会わないかと思ったが、あいにくいない。すこし本を読まねばいけないと思うし、する事がありすぎる。

三月二十五日（水）　雨／暖／道かん

久しぶりに横田と一緒に寄席へ行きゆっくり語り合った。彼は非常なきれいな女友達をえたそうである。うらやましく思った。僕を紹介するといったが心配らしい。僕も心配になった。妙なものだ。山中と三人で恋愛論をする。横田と山中はあまりにも離れすぎてだめ。横田が可愛相《かわいそう》である。又の機會にゆっくり話し合わうと思ふ。

今日はずい分金を使った日である。
でもまあいいや。
左楽*14が死んだ。

三月二十六日（木）　晴／寒／棒や

まつみへ行く。彼女に会う。気持は変っていなかった。ほっとした。閑《ひま》がほしいとつくぐ〵思う。三十一日をどうしようか。横田の所へ行かうかしら。家の方にいようかしら。それともまつみのとどこかへ行かうかしら。いろ〵迷う。彼女とゆっくり語り合って見たいし、又、友達を早く紹かいしてほしい。

晝夜つとめるとさすがにつかれる。一日ぐらい休まうかしら。そしてどこかへ行かうかしら。考えるのがいやな気持だ。これも春だからかも知れない。誘わくが実に多い。

＊14―五代目柳亭左楽（りゅうてい・さらく）、一八七二～一九五三。

三月二十七日（金）　晴／たぬき　道かん

どうもよわった。三十一日どうしよう。横田の所へ行って見ようか。それより一日休みたい。朝さんに頼まうかしら。朝二度ばかり土手へ行った。寝ころんで空を見てると気持が心が澄《す》んで来る。鈴本の楽屋に一日居るとガスで頭が変になる。又此処《ここ》の小使達がいやにえらそうな口をきく奴等だ。

まつみの奴はいゝ様な悪るい様な、ちょっと解りかねる。友達と云うのは学生かしら、それとも他かしら。心配である。着物で通った。

三月二十八日（土）　雨／彌次郎　子ほめ

上野からまつみへ。つかれる。休めたら休みたいのだが、まつみの奴は何だかたよりない。やめようかしら。行きに会う。段々何か近くなる様な気がする。うれしいことだ。

毎日土手へ行く。いつ見てもいい景色だ。帰ってから夜十二時迄ハモニカを吹いてた。何だか夢の中にいる様な気がし愉快だ。横田はどうしたろう。こない所を見るとうまくやったかしら。心配だ。

舞踊、鳴物《なりもの》をならわないといけない。いやな日がつゞく。

三月二十九日（日）　雨のちくもり／ひなつば　たぬき

松坂屋へよって鈴木をつとめてまつみへ入る。僕も正太に対してずい分乱暴な口がきける様になったものだ。たいしたもんだ。

まつみの奴は急に冷たんになったからよそうかと思ったら、そうでないらしい。こっちで黙《だま》っていると向うから話しかける。面白いものだ。三十一日どっかへさそをう……。

落つゐて考へると人間なんて智ゑが出るものだ。考へがまとまった時の気持は実にさっぱりした良い気持だ。

三月三十日（月）　はれ

北川に会ひ、久しぶりに話し合ふ。鈴本からまつみへ。正一とあづまやへ入る。正一は田舎者だ。あまり利口ぢゃないらしい。まつみの奴は妙な奴で、ふっと離れては又来る。しかし最後は約束をし、成績は上々である。

ふ呂《ろ》へ入り、左楽宅の通夜へ。今日は家へは帰れまい。朝さんと一緒に行く。実にたいした通夜だ。百数本と花輪が並び芸能界のすべてが来ていた。

三月三十一日（火）　はれ

休日を好天気をムダにするなんてまっぴらだがしようがない。花輪を持って上野から稲荷町《いなりちょう》まで歩るく。みっともなくはづかしい事この上もない。向うの今児[*15]も同感だったろうと思う。

つかれた。実につかれた。上野まで右女助と自動車で帰り、パークで「ひまわり娘」を見る。思ったよりつまらないが、三船[*16]と有馬稲子[*17]はやはりきれいに写っていた。とにかくくたびれた。

＊15―古今亭今児（ここんてい・いまじ）、のちの桂歌丸（かつら・うたまる）、一九三六〜二〇一八。
＊16―三船敏郎（みふね・としろう）、俳優、一九二〇〜一九九七。
＊17―有馬稲子（ありま・いねこ）、女優、一九三二〜。

四月一日（水）　晴

田園調布で始めて桜の咲いている事に気がつく。春たけなわだ。昨日のつかれで十時ごろ迄《まで》ぐっすり眠る。土手へ出る。暖かいがまだ風が冷たい。再三行く。何度行ってもいい。居眠りをしながら本を読む。外の事に気を取られる。今日から新宿の末廣《すえひろ》の夜。圓藏[*1]のしゅう名ひろう興行である。三亀松[*2]の応演。さほど円鏡[*3]も三亀松もうるさくないので有難え。

こゝ数日胃を悪くしてよわる。口びるが荒れる。つい食べてしまう。

四月二日（木）　曇／暖／良い一日だった

朝《ちょう》さんが来た。空が曇っていたので良かった。一緒に左楽から鈴本へより、根岸《ねぎし》から和泉町《いずみちょう》の秋葉から新宿と行く。行く時電車で吹上さんと一緒になる。やはりきれいだ。朝さんもあれなら少し買っても良いと云《い》った。足が少しやせすぎる。蒲田《かまた》の映画へ行ったらしかった。サービスデーで大黒屋《だいこくや》のウナ丼が八十円とにかく安い。

楽屋は竹藏《たけぞう》が働らくので楽だ。この所、金がたんと入る。明日天気になれ。

＊1―七代目橘家円蔵（たちばなや・えんぞう）、一九〇二～一九八〇。

＊2―初代柳家三亀松（やなぎや・みきまつ）、一九〇一～一九六八、音曲師。

＊3―円蔵襲名前の名跡、二代目月の家円鏡（つきのや・えんきょう）。

四月三日(金)　**雨/寒/美和子**

行きだ、ウノ木駅で美和子さんに会う。向うは電車の窓から僕を見つけ手を振っていた。よく忘れずおぼえてくれていた。うれしかった。夢がよみがえった様な心地がした。今度どこかで会えると思う。や会わう。何だか今日はちょっとした事だけど楽しい事が二、三あった。

横田が来た。その友達と会って見たい様な、見たくない様な、わからない。三浦をつれて寄席へ行く。ニュースを見せ、ウナ丼をち走《そう》してやる。又《また》銭をつかう様になった。

四月四日(土)　**晴 くもり あめ**

土手には誰もいない。皆花見だろう。ボートに乗《の》る。踊りに行かう。女ばかりではづかしい様な気がする。稲田《いなだ》先生の所へ行く。同窓会の打合せをする。良かったと思う。しかし女生徒が来るかしら、心配だ。この気持を中山等に対するのとF等に対するのとそれぐ〵皆違ふのはおもしろい。前者が一番楽しい様な気がする。

桜は今日明日が見ごろだ。多摩川園の人出はすごい。春たけなわである。うれしい様な、ものたりない。

四月五日(日)　**晴/暖**

快晴《かいせい》にめぐまれ都内各所の人出は物すごかった。目蒲《めかま》線の混雑《こんざつ》ぶり、多摩川園の人出なぞはたいへんなものだった。奇術大会へも行かず家で何か面白い事でも有らうと楽しみにしていたが誰もいず、土手を歩くのみ。がっかりした。皆どっかへ行ったのであろう。たいくつで、いても立ってもいられない。けっ局どこへも行かずになってしまった。

桜も今日あたりが峠《とうげ》だろうと思う。いら〳〵する様な日であった。明日から又落着かう。

四月六日(月)　**晴**

今日から皆学校らしい。さすがに静《しず》かで淋《さび》しい。丸二年ぶりに畠を耕やして花を植える。花を生てると希望が出来、気が落つく。明日から手がけようと思う。この所落語に対する熱がすっかりさめてしまった。でもまあいいや。いずれその内と思うが、不安になって来た。でもしようがない。高座《こうざ》へ上らないせいかも知れない。

つまらなく頭がぼやっとしていて、考へるといやけがさして来る。ねむいがねてられない。せい〴〵花でも植へよう。

四月七日（火）　くもり

一日畠を作り、花を植えていた。花を植える事によって淋しさがまぎれる。電車の中で実に眠いし頭がいら〳〵する。寄席は実に平凡で終演がおそいだけである。つまらない。

帰り沼部《ぬまべ》で下りて花を失敬して来る。面白い。小きんは実に良い人である。有難い。女達と誰とも合わない。

一人で花を植えよう。何事も一人でやろう。友達なんかいらないや、一人でやり、一人で進まう。

四月八日（水）　晴／暖

何気なく土手へ行ったら彼女がいた。良い機會《きかい》なのだが言葉が出ない。言う言葉がない。きっかけもない。向うの表情も堅い。しかし何か少し近くなった様な気がした。うれしい……。

花をいぢったり、土手へ出たりして一時頃家を出、目白へ行く。新宿で床屋へ行く。安くてうまい。遠藤よりか良い様な気がする。星取を頼《たの》まれて附《つ》けて怒られる。云いわけはやめた。

しかし気持はしっかりしている。

四月九日（木）　晴

自転車を貸《か》りて土手を乗り廻《まわ》した。つかれてだるくなる。頭がかすんで来る。しかし又、土手へ行って見たくなる。玨子とボートの約束をしたが来なかった。仲々可愛《なかなかかわ》いいがまだ子供っぽい。だがわざとそうしているのかも知れない。僕の夢と稱《しょう》するものは皆女性から来ているのかも知れない。しかしまだ子供っぽい所は多分にあると思う。

尾崎さん宅が火事になる。

四月十日(金)　くもり／寒風が強

朝とても眠いがうるさくてねていられない。晝寝《ひるね》をする間がおしくて出来ない。体がつかれているのが解《わか》る。風が強いので、誰もいないので、新宿へ行き映画を久々に見る。「銃彈都市《じゅうだんとし》」面白くない。落つくと非常にねむい。我慢出来ず観ながらねる。

まつみの奴から電話がかゝって来た。美和子さんかと思ひがっかりする。写眞《しゃしん》を送るといった。当《あ》てにならない。

小きん兄貴がマラリヤになる。看病する。

四月十一日(土)　雨／暖

ぐっすりと心行く迄寝《ね》た。外は春雨、実に暖《あたた》かい良い風情《ぜい》だ。植木は皆生き返った様だ。お踊《ど》りの師匠の所へ行った。何だかたよりない様な妙な感じだ。しかしきれいな人だ。津島恵子《つしまけいこ》＊4によく似ている。あまり気のりがしない。

＊4―女優、一九二六〜二〇一二。

踊れる様になるかしら。少し早目に出る。

今日から人形町《にんぎょうちょう》。仕事がなくて楽だが円藏がいやだ。三平さんも少しいやになったので口をきかなかった。同窓会の事はどうなったろう。日がのびたものだ。

四月十二日（日）　くもり／寒／たぬき

風の強い寒い日曜日だった。桜も今日が最後であらう。藤田、加藤、若林、渡辺、塩田等と稲田先生宅へ行き、同窓会の事をきめる。松長等が来るのでほっとした。皆もその気持らしい。僕が頂だいしてしまほう、ぜったいに。

久しぶりに誠ちゃんと銀座へ行き、別れて人形町へ。道中寒い思ひをする。又、風をひいた様な気がする。とに角《かく》さむい。楽屋も噺《はなし》も生気がない。今何もしたくない。眠い。

四月十三日（月）　薄曇／寒／カメラ

やっと落ついて来た。外の事を考へなくなった。小《こ》さん師の所へ行って風《ふ》呂《ろ》へ行き末広へ。帰りはどうしても四五分になる。カメラとジャンバーがほしくなった。写眞はほんとに送《おく》って来るのか当にならない。弘ちゃんが来て朝帰る。何だか面白くない。一日ねていたい様な気だ。まあどうにでもなれ。映画でも見て来ようかしら。気が晴《は》れるかも知れない。日記に書く事もない。たるんだこの頃だ。カメラがほしい。金がほしい。

四月十四日（火）　はれ

ゆっくりねて風呂へ行って、又ねて寄席へ行く。テーキを忘れて電車賃がかゝる。何のする事もない。唯《ただ》席へ行って帰るだけだ。シャシンやスケートやダンスをしたい様な気がする。しかし出来るか不安である。消極的なのかも知れない。たいくつである。ねむい一日である。女なんぞ気になんてするのはよそう。キリがない。ああ、金でもためてカメラでもかおうと思う。こんな事で良いのかしら。

四月十五日（水）　晴／暖／たぬき

目白へ行きスケートをする。この分ならすべれるかも知れない。末広で『たぬき』。全然かっ気がない。楽屋もその通り。元気がない。帰り、竹ちゃん、朝さんと志《し》る粉《こ》、そばをくひ、自動車で帰り、寿しを喰《く》う。だいぶ金を使った。しかし貯金をしてたからいいや。四千いくらかだ。割合少ない。朝さんがとまっていった。久しぶり。喰ひすぎで胃がわるい。金をためてカメラでも買わう。

四月十六日（木）　雨／寒／雪てん

外は寒かったが自分には感じなかった。調子が良かったのであろう。小さんの用事で右女助《うめすけ》の家へより、上野から末広へ。上野で朝さんと議論をする。もとはタアイのない事であるが、朝さんの方がまだ考へが大衆的でない。僕の前と同じ様だ。週刊朝日に夢声*5、浅沼稲次郎《あさぬまいねじろう》*6の対談が出ていたが、これと同じ様だ。僕が夢声で朝さんが浅沼。朝さんがきいたら又反対するだろう。女に縁は全然なし。

*5―徳川夢声（とくがわ・むせい）、作家・俳優、一八九四〜一九七一。
*6―日本社会党（当時）の政治家、一八九八〜一九六〇。

四月十七日（金） **くもり／寒／根問ひ**

ねるだけねても午前中は退屈である。成瀬の所で一席やる。風呂へ行きライスカレーを喰《た》べ、三時半に家を出る。学生服を着て行くと何だか気がさす。高座もうまくないが順調になって来た。何だか踊りをしに行くのが恥しい様ないやな気持だ。とに角そのうちに行く事になる。しばらく土手へも出ない。行っても面白くなさそうである。映画も見ないしどこも行かないし野心も希望も何もないこの頃。

四月十八日（土） **晴／暖寒／子ほめ**

晴れ間より早く出る。七時一〇分。通勤通学時間だ。山中、北條、ガス、井部等と一緒にいく。知ってる女学生には会わなかった。黒門町《くろもんちょう》から深川の森下町、みの家で一門の馬風会へ。たらふく喰べて三多藏さん*7と途中でドロンをし、築地へ。

東劇でロードショウ「百万弗《ドル》の人魚」一五〇円。借金して見る。エスターウィリアムス、*8ごうかな映画だった。たゞそれのみが印象だった。銀ブラを

＊7―桂三多蔵（かつら・みたぞう）、のちの三代目桂円枝（かつら・えんし）、一九三一～二〇一一。
＊8―アメリカの女優、一九二一～二〇一三年。

して水天宮《すいてんぐう》から人形町へ入る。

四月十九日(日)　晴/ヒル暖 ヨル寒/雪てん

衆議員の選挙日。どんな事になるやら。まあ誰でもいいからうまくやってもらひたい。

午前中は好天気なので土手へ行ったり、自転車へのったしいろ〳〵行き、電話をし噺をしたがすべてにことわられ、又はだめになり、何だか皆にけいべつされている様な気になった。それなら今に見ていろと云う気になった。末廣へ行ったが気分が悪るく途中で帰る。寒い。風を引いたらしい。ウノ木で吉迫に会う。奴《やっ》もそうとうらしい。

花でもいぢってくらそう。

四月二十日(月)　晴/牛ほめ

松駒[*9]さんが落選した。実に残念だ。可愛相な気がする。確実に見られていいただけになを更《さら》である。その他大物続々落選。広川・清瀬・星島・尾崎。

*9―松岡駒吉（まつおか・こまきち）、労働運動家、政治家。一八八八〜一九五八。

左派の進出が目だって来た。

午前中温室村[*10]へ行って来る。たいした花はない。この頃又気持が変って来た。ム性に品物が買ひたくなった。手始めにジャンバーを買う。吉迫に会ってから年上の女が目につく。妙なものである。

四月二十一日（火）　くもり／寒暖／雪てん

ねむいが早く出る。目白へよって新宿へ。サービスセンターで二八〇〇圓《えん》のジャンバーを買う。自分で物を買った気持は実に良いものである。帰りに大岡山館[*11]へ行ってセックス映画を少し見る。あまり下等なので、たえられずに出る。切符係の女の人が目についた。何とかうまく接近して見たいものだ。する事が有りすぎて困る。少しずつ片づいて行く。いい気持だ。何事も自分でしよう。誰もたよらずに。

＊10―かつて世田谷区から大田区にかけての多摩川沿いにあった植物園「玉川温室村」。

＊11―「映画大岡山館（えいがおおおかやまかん）」、かつて大田区にあった映画館。

四月二十二日（水）　くもり／道具や

平凡な日が続く。早目に家を出、新宿で床屋に入り末広へ。『道具屋』を演《や》る。割りと良く出来た。しかしまだ〳〵である。

夕方から雨がパラつく。けん〳〵の三年忌である。早いものだ。深谷《ふかや》の叔母《おば》さんが来る。しばらく行かないので行って見たい様な気が多分にする。

隣組の人の前で一席演る。まあたまにはいいだろうと思う。今日は少し喰べすぎた。由雄《よしお》に本をかってやった。

四月二十三日（木）　くもり／牛ほめ

噺は調子に乗って快調である。昼席は気楽でも有り、サラリーマンの様な気がする。噺のけいこに行きたくなった。やはり自分の考へは合っていた。新宿にいると金を使わなくてすむ。有難いものだ。

帰って風呂へ行き、医者に行き、パチンコ屋へ行き、金内の家へ行き、ねる。ひろみにあった。久しぶりである。

いい陽気になった。昼が長くなった様な気がする。この頃すべてに活気がありセンチにならなくなる。

四月二十四日（金） **晴／強風／道かん**

志《し》ん吉《きち》とぶつかる。少し生意気すぎる。何か云ってやった方が良い。命令口上になる方が良い。目白へ行き末広へ。『道かん』を演り、調子は上々、高座に活気があり落ついている。

する事がありすぎる。医者へ行き、稲田さんの所へ行き、ねる。平凡な毎日だが、女がいないと何だかみちたりない気がする。でも無難だと思う。

風の強いほこりっぽい日である。草花も生気がない。

四月二十五日（土） **晴／暖／狸 道具や**

目白へ行き『反対車《はんたいぐるま》』を伸治[*12]さんに教わる。この人の噺は実に面白い所がある。高座は『狸《たぬき》』又セコになる。本牧《ほんもく》へ貞花《ていか》の会へ行く。『道具や』受けるがうまくない。

早く帰れた。早いと人がいるせいかとても嬉《うれ》しい。妙なものだ。

＊12―二代目桂伸治（かつら・しんじ）、のちの十代目桂文治（かつら・ぶんじ）、一九二四〜二〇〇四。

暑くなく寒くなく、実に良い時期だ。これで女がいれば申し分ないのであるんだが……。まあ金があるから落ついたものである。この頃元気である。実に健康である。唯《ただ》胃を直せばいいのだが。

四月二十六日（日）　晴／暖／転失気

いやにむし暑い一日である。午前中は誰とも会わず新宿へ行く。帰っても誰とも会わず面白くない。阿母《あぼ》*13と寄席へ行く（川崎）。阿母と二人も又いいものだ。

山中がとまって行く。

この所凡々として何も変化がない。これでいいのであろうが、僕は不満だ。何か刺戟《しげき》がほしい様な気が多分にする。

馬琴は落ちた*14らしい。どうでもいいと思う。

＊13―談志の母親。「阿母」は、母を親しんでいうときに使う。

＊14―「馬琴」は五代目宝井馬琴（たからい・ばきん）、講釈師、一九〇三〜一九八五。一九五三年四月二十四日に行われた第三回参議院議員選挙に全国区で立候補（無所属）したが、落選した。

四月二十七日（月）　晴／暖／根問

こゝ二三日めっきり暑くなった様だ。夏の帽子をかぶって行ったがさすがに誰もかぶっていず、少しきまりが悪るかった。眞直《まっす》ぐに帰る。どこかえ行かうと思っても行けず、結局家の附近をブラ〳〵してる事になる。ブラ〳〵するのはよさうと思ひながら、やはり出歩るく。

晝席《ひるせき》の方が良い様である。唯、朝がねむいだけ。近頃日記を書くにも何だかまとまりがなく、考へも出ない。

四月二十八日（火）　はれ／暖　強風／千早振

楽屋で圓鏡《えんきょう》に小言を喰《くら》う。こっちは何も悪るい所はないと思うから感じない。何を云っているのか解らない。馬鹿な野郎である。それにくらべて小さんは良いとつく〴〵思う。伸治は来ないので『反対車』は半分になってしまった。早くねようと思うても何せそうはいかない。帰りにどっかへよろうと思ってもどうもよれない。妙なものである。家が良いのか、女がよいのか、多分両方であろう。

四月二十九日（水）　晴／暖　強風／子ほめ

物すごい風が吹き、ほこりとむし暑さで休日も皆面白くなさそうである。目白へ行き三度目で伸治さんにけいこをしてもらう。新宿をつとめて帰る。風は強いのでどこも出ず、風呂へ行ってメシを食べてねる。今の様な状態でなくしてはいけないのであろうが、何かたりない様な気がし、又いい様な気がする。

ほこりでムシャクシャして来る。

四月三十日（木）　雨／強風／豆や

『豆屋』が割に受ける。売り物になるかも知れない。サービスセンターで買物をする。良い気持である。社会へ出ると品物が買ひたくなるのは不思議だ。帰って藤田と塩田と稲田先生宅へ打合せに。返事が来てない。しゃくにさわった。昔を思ひ出さないのかしらと思う。しかし松長等が来てくれゝば良いが。

五月一日（金）　晴／寒

メーデーも大した事件もなかった様で良かった。鈴本《すずもと》をつとめて帰る。横田から手紙が来ていた。間抜けな奴《やつ》だ。家の人にはそう云《い》うより手がなかった。

演芸を見に行く。セコな奴ばかりが出た。たいした女はいなかった。目付きの悪るい奴が男をあさっていた。そう云う風に思えた。

風呂《ふろ》へ行き、山中に会う。彼も又《また》、自分がいやな奴はてっ底的にいやらしい。妙なものだ。

五月二日（土）　寒／豆や 狸

山中と一緒に出る。上野を散歩。田舎から旅行の学生が大勢来ている。一見して解《わか》る。小春《こはる》さんが来るまで楽屋をつとめて帰る。のど自慢大会を見に行く。仲々《なかなか》なごやかである。女の子が大勢来ていたがどういう解《わけ》かだめである。ヤジったが後味の悪るいものである。

とに角《かく》見ていて寒かった。しかしこう云う集まりはいいものである。女の子がいるから。

五月三日（日）

東島にラブレターを書いてやるといった。これがうまく行き……段々と自分だけとり残されていく様な気がし、何とも云えなく淋《さび》しい。思ひ出す。又、もえ上る様であり、その反面実にさびしい。

噺《はなし》によってこれを忘れようとする自分が何かシラノ*1の様であり、切なくかんじる。自分ながら不思議なくらいセンチメンタルになる。又よきかなである。

五月四日（月）

道具や

帰って来、ねながらゆうれいの噺を朝《ちょう》さんとする。気味が悪くなる。実にいやな事であるが、しかし面白く聴ける。よそう、夢がいい。青春がいい。しかしこれらの事を考へるのも面白いし、又不気味である。

映画を見る。キャグニー*2は実に小気味がいい。久しぶりに気持よく見た。

＊1―フランスの劇作家エドモンド・ロスタンの戯曲「シラノ・ド・ベルジュラック」に登場する主人公シラノのこと。ひそかに恋する従妹（いとこ）から恋の仲介を頼まれる。

＊2―ジェームズ・キャグニー、アメリカの俳優、一八九九～一九八六。

まごころの一場面があった。

五月五日（火）　十徳

横田が来ている。話をしたが、何か物淋《ものさび》しく、云わうとする事が云えない。彼は僕を稱《しょう》して「ひがんでる」と云う。多少はあるかも知れぬが、全部はあたっていないと思う。別れてから妙にセンチになって歩いた。

又その態度を必要以上に出した。東島の親父はそれをキザッポク見たのか、変な態度をとった。しゃくにさわった。横田と、前と立場が反対になった。

怪談を考へるようになった。

五月六日（水）　くもり／豆や

両国へ相撲を見に行く。双葉山道場[*3]へ。やはり目近に見ないと良し悪しが解らない。名前でひいきをするのはだめであって、双《ふた》つ龍《りゅう》、小川《おがわ》、潮錦《しおにしき》、若《わか》葉山《ばやま》なぞが好きになった。

楽屋にいて眠くていやでしかたがない。あやうくヒロポンを打ちそうにな

＊3―双葉山（ふたばやま、一九一二〜一九六八）が開いた相撲道場。一九四五年に年寄十二代時津風（ときつかぜ）襲名後、「時津風部屋」に改称。

る。

恋文でも本気になって書かうと思う。思ひきってやった方がいいかも知れない。これは、解りきっていながら出来ない。

五月七日（木）　**雨／雪てん　牛ほめ**

実に不快な一日である。池袋にいても上野にいても、すべてがしゃくにさわった。

少し寄席を休まうかしら。休めたら休みたいのだが。いやんなっちゃう。若藏[*4]てのは馬鹿な不良であると思う。

又Fの事が気になって来た。恋文を出そう。今度こそは本当に。

由雄《よしお》の遠足である。かいぢだから銭をやらないことにする。

雨が降る。池袋の楽屋の暗い電気が実に不快だ。

五月八日（金）　**雨／豆や**

朝さんの云う赤萩とか云う女はなるほどきれいである。写眞《しゃしん》ではあるが良

＊4―橘家若蔵（たちばなや・わかぞう）、のちの橘家円平（たちばなや・えんぺい）、一九三一～二〇二〇。

く解る。話をきくと先生と女生徒の関係はいろ〳〵取りざたされているらしい。

この所、胃が悪くてこまる。どうにかしないといけないのであるが、こゝ二、三日元気がある。この気で女性と接して見たらいいだろうと思う。朝さんも同感らしい。雨がつゞく。

五月九日(土)　晴／暑／反対車 道かん

眠い実に眠い。たゞねむいだけで何をするのもいやでしょうがない。『反対車』をかけたがダメである。『道かん』は上出来であった。

明日のクラス會《かい》は何かたよりない様な気がしてならない。松長等が来ないのも何だか気の抜けた様な気がする。

小金治[*5]に紙京子《かみきょうこ》[*6]がほれたと云う話をきゝ、何かヘンな気になり、それが何か複雑になって頭の中がこんがらがる。考へようとしても眠い。暑い一日。

＊5―二代目桂小金治（かつら・こきんじ）、一九二六～二〇一四。
＊6―女優、一九三一～?。

五月十日（日）　晴

同窓会。人数はあまり来なかったが気持の良い会であった。非常に楽しく久しぶりに噺をし合った。佐々木、北村、勝島等、皆一様なきれいになった。立派に継続させる自信がついたしで良かった。今更《いまさら》ながら稲田《いなだ》先生の良さには頭が下る。

鈴本へ行って若林、藤田と一緒に帰る。電車の中で名前は知らないがきれいな女に会う。希《のぞ》みなきに非《あら》ず。

五月十一日（月）　晴／根どひ

小伸《このぶ》が川崎の代りを頼《たの》みに来、今松が一心会《いっしんかい》*7を頼みに来た。日程がいっぱいになり実にいやな気がした。小圓朝《こえんちょう》の『ぞろ〳〵』をけいこ。いきな噺である。

とこやへ行き奥沢迄《おくさわまで》。休みなので風呂へ行く。スシを喰《た》べ、手紙をかいてねる。休むひまがなくて実にいやである。家にいたい。しかし、しょうがない。とに角この頃ねむい。

*7―若手二つ目たちの親睦会。

五月十二日（火）　　**雨／狸 道かん**

一心会へ行く。いやな心持《こころもち》であった。どうも集まる所はきらいである。ねぶそくの日がつゞく。一日ゆっくり眠って見たいものである。雨が降って来る。小《こ》さんの家へとまろうとしたがやめる。やはり家でねた方がいい。何だか又、噺家《はなしか》がいやになった。けい古も何も身が入らない。胃が悪くてこまる。何をたべてもだめである。

五月十三日（水）　　**くもり／狸**

若藏さんと武藏野《むさしの》館で「雨にうたへば」を見る。時間が気がかりであるが割にゆっくり見て来た。良かった。オコーナー[*8]が印象的であった。理屈は云うがミユッジック映画は始めてである。仲々悪くない。これからせいぐ映画を見よう。

近ごろ家にいないせいか、Ｆその他に会わず気もうすらいで来た。しかし会へばすぐに変るのだが。

雨が降って湿気があって暑い。風呂へ入ってねる。

＊8―ドナルド・オコナー、アメリカの俳優、一九二五〜二〇〇三。

五月十四日（木）　くもり／豆や〃

染之助《そめのすけ》さんの所で落語『道かん』を吹込む。きいて見ると、なる程《ほど》声が悪るい。しかし我ながらうまいと思った。間がいいと思った。与太郎はうまくない。工夫をしないとダメ。実に暑く汗びっしょりである。

新宿から川崎へ行く。パチンコをしてスシを喰《く》って帰る。いそがしくて眠るヒマがなくて困る。染之助、小さん、小円朝と、とてもまわり切れない。だから土手へも行かない。しかし張合《はりあい》がある。

五月十五日（金）　晴／反対車

朝、実に眠い。やり切れない。人形町《にんぎょうちょう》へ行って「割り」を取り、日暮里《にっぽり》でけいこをして新宿へ。十一時半迄に入る。目がまわるくらい、いそがしい。『反対車《はんたいぐるま》』を演《や》る。この前よりはいいが、うまくない。まだおぼえてない。この頃、おぼえてないのにやるくせがついてきた。いいのか悪るいのかわからない。

サービスセンターで一七〇〇円のズボンを買う。一つ買うとあれもこれも皆買ひたい。少しずつ買はうと思う。風呂へ行ってねる。石竹《せきちく》がきれいに咲いた。

五月十六日(土)　晴／暑／雪てん

ムダが多くて困る。自分ながらあきれる。品物を買うのは大いにいいが、ムダ喰《ぐい》が多くていけない。今度こそやめよう。

手紙を出そうかやめようか迷う。出した方がいいが、仲々出せないものである。此頃《このごろ》家にいないと云うのが何よりの欠点である。実になさけない。体の調子が悪るい。節々が痛み、すじがつっぱる。運動不足が原因。買ひたいものが多くて困る。暑くなった。

五月十七日(日)　くもり／涼／子ほめ

日曜であるが昼夜《ひるよる》である。さほどいやとは思わない。家の事を忘れて来たのかしら？　いや決してそうではないと思う。高橋さんの所から末広《すえひろ》へ入る。眠い目を開いているのが痛いくらいである。

終って川崎の小伸代。高座も面白くない。馬次[*9]の噺は実にオド〱して何かおびえている様な噺である。やはりりょう見が出るものだと思う。早くする事をしないと相手が大きくなっちまう。

五月十八日（月）　くもり あめ／寒／根問ひ

新東地下で「十代の性典」を観る。とてもたいくつな割の解らない映画である。「まごゝろ」と大違ひである。観終って何か自分の今の状態がほこらしくなる。ガラ〱した生活がえらそうに思えた。しかし帰って風呂へ行き、一人で夜おそく日記をつけていると、又々《またまた》ロマンチストになる。やはりだメだ。好きなのだ。どうしよう。顔《かお》なぞ気にする事は決してないと思うが……。じれったくなる。

白井[*10]が勝った。

五月十九日（火）　はれ／寒 うすらさむい／道具や

北川と会ひ話をするが、やはり彼とはもう離れてしまった様だ。僕がつい

＊9―鈴々舎馬次（れいれいしゃ・うまじ）、のちの桂右喜松（かつら・うきまつ）、一九三一頃～一九五五、二十代で自殺。

＊10―白井義男（しらい・よしお）、プロボクサー、世界フライ級王者（一九五二～一九五四）、一九二三～二〇〇三。

て行かうとしても彼が寄せつけない。やはり違ってきたのだとつくぐ思う。金内は折れるからまだ話が出来る。

鏡を見て思う。もう少し鼻が高いといい男なのだが。運動しないから手足に毛はえて来る。水泳をしたから首が眞黑《まっくろ》。ねこぜでやせている。自分をひ下《げ》してはいけないと思ひながら……。当ってくだけようか。

五月二十日（水）　晴／暑／道具や

土手の上から川を見ている。ボートに乗《の》っている男女、実に楽しさうである。默《だま》って見ていた。淋しくはなかった。何も考へなかった。唯《ただ》見ていた。川がきたなくなった。麦がのびた。日が強くなった。体がだるい。この二、三日ムダ使いをしなくなった。その割に金はない。何かみちたりない様な日々である。女友達がほしい、頭のいいのが。

五月二十一日（木）　はれ／暑い

Kかだれかと立花《たちばな》のマジック大会を見に行きたいものである。誰かいないかしら。

寄席にいる時はのんびりしているが、家に帰ると急にあせって来る。女に対してである。逆にならないといけないのだが……。誰かいないかな！


吉田第五次内閣成立！

貞山[*11]の怪談のセコな事！

又胃が悪くなった！

すっかり夏になる！

五月二十二日（金）　はれ／涼／道具や２

晝夜でも、たいした苦痛でもないがヒマがほしい。朝早くおきる習慣がつく。いいような、体に悪るい様な。

寄席にいてさほど眠くない。野心もなにもない様な日である。ねむい。

何かかくのがだるくていやだ。

＊11―七代目一龍斎貞山（いちりゅうさい・ていざん）、講釈師、一九〇七～一九六六。

五月二十三日（土）　雨／道具や

平凡[*12]を買った。続十代の性典と云うのを読む。いやな気がする。実に淫らな映画である。青春《せいしゅん》なんてのはそんなものではない。もっと明るくロマンチックな悲しいものであると思ひ、シャクにさわる。

自分のにえきれない気持がいらだって来る。と云って落《おち》ついてわいられない。

よわったものだ。キッパリした態度がとれないからだ。しかし取ったら何が残るだろ。

五月二十四日（日）　アメのちくもり／むし暑／道かん

朝FとKを見かける。Kはジャリで話にならない。

暗い所で目をつぶって空想する。実に楽しい。

実際もそう行くといいのだが。やはり手紙が最上の方だろう。何事も自分でやろう。人にたよるまい。

朝さんとはまずい事になる。こっちも意地である。勝手にしろ。

＊12―一九四五年に創刊された月刊の芸能雑誌「平凡（へいぼん）」（凡人社＝当時、のちのマガジンハウス）、一九八七年休刊。

奇術大会を立花で観る。面白くない。寄席にいても何かゆううつであった。

五月二十五日（月）　はれ／暑／狸

嘶は又少し良くなった。とに角《かく》落ついてよゆうが出て来た。目白から日暮里、上野の山を散歩して鈴本へ。目白では女学生、上野竹台高校では男女高校生がバレーをしていた。うらやましい。自分はこう云う時代を去ったのかと思うと淋しい。べんとうを持って一人で歩いている姿があわれっぽく見えた。馬鹿にするな。高座へ出れば一人前だ。

五月二十六日（火）　はれ／暖／根どひ

十一時までねている。床屋へ行って風呂へ行って、日暮里へ。行く所がありすぎて困る。『ぞろ〳〵』を上げ鈴本へ。鴻巣からお化《ばけ》の面をかりて皆を驚かす。帰りは非常に腹が空《へ》ってすし屋へよりたくなる。

書いて見よう。やはりあたらねばだメだから。ねながら恋文を書くが、仲々浮かばない。書いても出せるかしら。とに角

五月二十七日（水）　はれ／暑 風があり／母と娘

早く目がさめる。もっとねなければいけないと思ひながら、うるさいのでねて居られない。九品佛《くほんぶつ》のバラ園[*13]へ行く。思ったよりたいした事はなかったが、ほしくも思った。が、もう少しバラを研究してからにしよう。自由ケ丘南風座[*14]で「母と娘」「もぐら横丁」を見る。前はとても良かった。皆、好演し、実に楽しく観られた。後のは前のと比較すると落ちる。新聞の批評とは別である。

五月二十八日（木）　夜間雨になる／ふつう／地上最大のショウ

「地上最大のショウ」を観る。豪華絢爛《ごうかけんらん》な映画。ストーリイもいやみがなく、二時間四十分を充分楽しませてくれた。映画はこれで良いのだ。何も理屈を云う事はない。

手紙の文章を後で読み返すと自分でテレくさくなる。どうしようか!!

やはり映画はいゝ。現実とは大違ひ。少し派手に観よう。寿司を喰うよりよっぽど良い。

＊13—かつて世田谷区奥沢にあった「とどろきばらえん」。

＊14—かつて目黒区自由が丘にあった映画館。

朝公《ちょうこう》は生意気になった。

五月二十九日（金）　雨／普通／ヤジロウ

朝から雨が降り続く。実にいい雨だ。生き〳〵とした雨だ。風呂へ行き目白へより鈴本へ。噺は快調である。この所、体も元気だし力強く感じる。地上最大のショウの場面を時々思ひ出す。どう云う解《わけ》か、夜おそいのがさほど苦にならない。もっとも朝おそいが。

とに角《かく》一つの気がかりがＦである。後をのぞけば実にのび〳〵とした一日々々だ。

五月三十日（土）　風が少しつよい／普通

どうしても無駄使ひをしてしまう。困ったものだ。又品物を買はう。土曜だが誰とも會《あ》はない。雨は上ったが風が強いせいかも知れない。風呂へ行って由雄をつれて鈴本へ。貞山《ていざん》が百圓《えん》とは驚いた。なんてけちな奴だろう。でもまあいいや。映画を見よう。女学生と交際しよう。若さを大いに逐使しよう。

大相撲夏場所、時津山優勝[*15]。どうも驚いた。

五月三十一日（日）　くもり　あめ／だるい

三八[*16]さんの会に行く。少し酒を飲んだせいか少しの事で腹が立ち、勝手にしろと云う様な気になる。目白へ行く。おかみさんに会い、行かなくてはいけないと云われる。ゆううつになったが千圓がみりょくだった。

この所あまり家にいたいとも思わない。ジンマシンが出来、かゆくってしかたがない。よけいにシャクにさわるし何ともいえない体のだるさ。どこかきっと悪いと思う。どうにでもなれ。

この所何かにつけてＦの事、又その他の女学生の事が思ひだされて自分を考へさせる。しかしまとまったためしがない。早く手を打たねばと思ひながらも時はすぎさって行く。自分をなさけなく思う。勇気を出そう。それを落つけてから噺しだ。だめならよそう。男一匹くよくよするな。

あたってくだけろ。彼女一人が女じゃない。

＊15―時津山仁一（ときつやま・じんいち）、一九二五～一九六八。このとき時津山は東前頭六枚目だったが、幕内全勝優勝を果たし、敢闘賞を受けた。

＊16―柳家三八（やなぎや・さんぱち）、俗曲師、生没年不詳。

六月一日（月）　あめ　くもり

始めての川崎演芸場。早く帰れて有難い。

雨が降ったりやんだり。もう梅雨なのかと思わせる。ゆっくりねて風呂《ふろ》へ行き、食物をふんだんに喰《た》べて四時頃出きん。いい身分である。これで女がいれば申し分ないのだが、そうはいかない。新聞の身上相談に道化役者と云《い》う言葉があった。気になる。自分もならねば良いが。

六月二日（火）　くもり／むし暑／彌次郎

川崎演芸場の騒々しいのには驚いた。頭がへんになる。おまけに暑いと来ている。しかし、帰りの早いのは有難い。十時ちょっとすぎに帰れる。

朝、新宿へ山中と行き、サービスセンターでネクタイを買ひ、カレーを喰べ、映画を見て、川崎へ。

日刊スポーツは来なかった。馬鹿にしてやる。噺《はなし》が又《また》セコになる。どうもおかしい。大きくなりたくない。しかし時は刻々と過ぎ去って行く。あせりが出る。

六月三日（水）　くもり／並／道具や

昨夜エリザベス女王の戴冠式《たいかん》が行われた。何でもするがいい。こっちは関係のない話だ。吉迫が来て芸人になりたいと云う。何か不安な気がする。彼は眞《しん》けんなのであろうが。

新らしいワイシャツに新しいネクタイ、それにチョッキ。気持がいい。若い紳士である。

円生《えんしょう》は学があると思った。

フロリダをのぞく。面白くない様な、又後《あと》で行きたくも思った。すぎし昔がなつかしい。もう一度学校へ行きたい。

六月四日（木）　ぞろ〳〵

土手づたひに多摩川園迄《まで》野球を見、目白へ。駅前で師匠と会ひ一緒に池袋公会堂へ行く。あゝいう所へ出ると師匠の芸は誰も笑はない。受ける噺を教《おそ》はらねばなるまい。全くいい師匠である。川崎へ行きパチンコ、20円でポマード二つ、サンスター一つ、二五〇円のもうけ。たいしたものだ。蒲田《かまた》九時四十九分。実に早い。鮨《すし》を食べて帰る。

六月五日（金） **あめ**

吉迫がお袋をつれて来た。どうもよわった。噺家《はなしか》にしてやらねば友達甲《が》ひのない奴《やつ》と思われる。かと云って何か不安だし。とに角《かく》さん馬《ば》の所へつれていった。師はいゝと云ったが、お袋が考へてしまうらしい。どうも困った。とに角、前があまりいい奴じゃないから正太《しょうた》と口あらそひをする。しゃくにさわり、窓から町を眺める。

都会の何と云わうか、さびしい雄大な景にたまらなく家へ帰りたくなる。そして彼女の事を。

六月六日（土） **くもり はれ／暑／狸**

ゆっくり家にいた。プールで泳いだ。始めてである。しかしやはりだるい。もうよそう。泳ぐなら晝寝《ひるね》をしよう。目玉が段々に出て来る様な氣《き》がする。何かの病気かしら。あちこち悪るくてよわったものだ。

中山に会う。土手と帰りの本屋の前でからかった。しかしやめよう。こんな奴とつき合うと安っぽくなる。もっとビフテキと近づかう。Aちゃんでも。

六月七日（日）　雨／うすら寒い／悩み

我慢が出来ない。いら〳〵して来る。これもあせりからであろう。シャクにさわる。何が何でもだ。一種のゆううつ病にかゝったのか。若き日の悩《なや》みか、それとも恋わずらひか。眞中《まんなか》の事と感じる。雨が降っていてよけいにシャクにさわる。こんなにあせる自分は始めてである。とに角、女友達がほしいのであるが、それればかりではない。よわった。自分で自分がどうにもならない。

六月八日（月）

だいぶ気持も落着《おちつ》いて来た。雨の中を唄《うた》を唄ひながら師匠の家へ。気持が軽くなる。雨に唄えばの様に。

新宿へ行き、風呂へ行き、床屋へ行って、家に帰って、川崎へ。始めるのが遅いので川濵の女中とけんかをし、い地になり、誰もいないのに始める。たまにはこのくらいの事はいいであろう。梅雨が降りつゞく。しかし心のほがらかになる雨だ。

　休戰《きゅうせん》会談成立。*1


六月九日（火）　**快晴／暑／千早振**

からっと晴れた。日なたに立っているとじり〳〵と暑い。入梅の間の晴れた一日である。素肌に浴《ゆ》かた、湯上りが又いい。そのまゝ川崎へ。『千早《ちはや》』を高座《こうざ》に。うまくなった。落着きが目だって良くなった。我ながら有難い。一種の天分があるのかも知れない。

日中ため池、写眞《しゃしん》をとゞけに行く。暑くてだるい様な、いら〳〵した気持。帰ってからFに出す恋文を清書、完成、気が楽になる。

今夏は女学生とキャンプに行きたい。


*1──「捕虜交換付属協定成立」のこと。一九五一年から行われていた朝鮮戦争休戦における会談のひとつ。

六月十日（水）　くもり／涼／勇氣

暫《しばら》く振りで氣が落着いた。吉迫も落語を思ひ切り、ガラス屋になると云った。何か淋《さび》しい氣もしたが万事これでいいのだ。

彼と一緒に風呂へ行き、ボートに乗《の》る。しみ〴〵としたものがあった。又彼は僕に勇氣をあたえてくれた。有難い。これで手紙の結果さえよければと思うが、仲々《なかなか》そうは行くまい。しかし自信はある。ダメならよそう。男じゃないか。噺家だ。噺をおぼえよう。恋人よ我にかえれ！

六月十一日（木）　くもり／涼／十徳

自分の氣持が割り切れて進む道がはっきりした程《ほど》さっぱりとした事はない。今がそれで、実にそう快である。

早く出る。目白へより師匠に小言《こごと》を喰《くら》ふ。久しぶり。少し注意をしよう。上野へ行き、ぜん馬師の『二人旅《ににんたび》』けいこ。面白くない。「シンデレラ姫」を日活で観る。童話と云うのは実に良い。夢の世界だ。

池袋での高座はセコだった。

日常、洒落《しゃれ》・冗談をよそう。

道化役者になっちまう。

しっかりと青春を楽しまう。

六月十二日（金）　曇り 雨／薄寒／狸

医者へよって上野へ行ってスター座[*2]で「可愛《かわ》いい配当」を見て池袋へ。観たい映画が有りすぎて困る。

『二人旅《ににんたび》』、『反対車《はんたいぐるま》』をギャグを入れて原こうを書こう。

朝《ちょう》さんが来てラブレターの批評をした。うるせえ奴だ。しかし間違っている所が多分にあった。書き直し。

明日はどうしよう。帝劇へいくのか、映画へ行くのか。とに角けい古はやめ、まあ冗談を云わない様にしよう。

＊2―かつて台東区上野にあった映画館。二〇〇九年閉館。

六月十三日（土）　くもり／涼／豆や

どうしようかと思った。定期を落してキセルがバレて目黑駅《めぐろ》で最終迄とっちめられて金を多くとられてもいやだし、テーキを買ひたて取られてもバカ〳〵しい。駅員（ウノ木）が何とかしてくれるといったが……。明日のプランメチャ〳〵である。晝間《ひるま》はうまくいったのに。

帝劇へいって漫才大会を見て、上野へよって池袋へ。高ザがセコである。とに角、明日の事が心配で恋文どころじゃあない。それでも眠い。めんどくさい。ねちまへ。


六月十四日（日）　はれ くもり／暑／狸 道具や

昨日はどうなるかと心配をしたが、今日になったらどうやら落ついた。しかし、氣になる。行かうか行くまいか。

噺がセコになったと思ったら、やはり深い所へ上ればうける。まだ負けない。タイコがうまくなった。

この所少しセンチメンタルになりすぎてる。ロマンチストなのかも知れない。これが僕の本来の性質かも知れない。どうでもいい、早く売り出そう。

それよりFを何とかしよう。手紙をかき直し、出そう。

『反対車』はどうもねむくて上らない。


六月十五日（月）　くもり　はれ／むし暑／ぞろ〳〵

始末書だけで定期がすみそうなので良かった。思えば間抜なことはしたものだ。これですっきりとした。今度は新宿のヒルだし絶好のチャンス。うまく行くやうに。

恋人よ我が胸に来い！

何か近頃歌でもまじめなセンチメンタルな歌ばかり歌ひたく。

すべての事が甘く夢見るように考へられる。楽しい。実に愉快だ。事実もこう行けば。そうは問屋がおろすまい。

とに角サッパリした。前途幸あれ。

六月十六日（火）　はれ／暑／反対車

女に対して自分の顔《かお》と云うのを考へるとじれったくなる。はたしていいのか悪るいのか。良くも見え、又悪くも見える。後者の方が強い。しかし考へすぎかも知れない。とに角なさけなくなる時がある。色が黒くて出っぱで鼻がしくくて。しかしどの顔が自分のか、どこの鏡に有るのが僕の顔か解《わか》らない。春のなやみ。

『反対車』がセコなのにバカ受け。妙なものだ。引っこみ思案はいけない。何でもやって見ろ。

六月十七日（水）　はれ／暑い／道かん

自分で自分を病気にしてしまう。原因はないが悲しく淋しくされる。やがてそれは抜けられなくなる。本当になる。体もどっか、ぐあひが悪いのであろう。

風をひいたらしい。明日は休まうか。

｛映画（三つの恋の物語）、池袋東洋[*3]、ピアアンジェリ[*4]の美しさのみ印象｝

＊3―「池袋東洋映画劇場」、のちの「池袋東急」。かつて池袋駅近く（豊島区）にあった映画館。二〇一一年閉館。

＊4―イタリアの女優、一九三二～一九七一。

を見ても、髙座（『道かん』）へ出ても、楽屋にいても、すべてがダメである。二三日休みたい。

何てあついんだろ。

六月十八日（木）　雨／根問ひ

何だか解らない。体が悪るいのか、何もしたくない。家で寝《ね》ていたい。楽屋キョウ怖症とでも云わうか。

大塚へも行かず、映画を見る（青色革命）。池袋行って途中で帰る。ずい分まよった。

又梅雨。

雨の方がいい。日増しに、映画を見るごとに、寄席へ行くのがいやになった。少しやすまうかしら。どうもまゝならぬ。気分が悪るい。

六月十九日（金）　曇り／普通／狸

柳枝《りゅうし》の鳴物《なりもの》の会へ行かうか行くまいか迷った。しかし行って、まあ〳〵良かった。小《こ》さんはガンコ一てつだから僕の氣持が解らない。一月、半年ぐらい休まうかしら。小さんが何とも云わねばぜひ休みたい。Fの事もあるし。とに角、皆たよりがないし、よわった。何をしても元気がない。気の持ちようと小さんは云ったがだメダ。

風呂へ行ったらサッパリした。

六月二十日（土）　牛ほめ

気持がきまったらさっぱりとした。元気が出た。その代り後で休まうと思う。はっきりきめてかゝった方がいい。小菊の所へ見舞いに行って池袋へ。『牛ほめ』、うまくないが元気はある。これでいいのだ。後はFだけである。夏になったら本当に休まう。海へ山へ行かう。遊ぼう。二度と来ぬ青春ぢゃないか。

このごろ口が軽くなってきた。少しきをつけよう。明日から新宿、チャンス。

六月二十一日（日）　くもり／寒／狸

玨子をからかった。何々可愛いくなったものである。Fには会わない。あと九日である。チャンスはある様な気がする。たのむ会ってくれ。どこへよぼうか、土手にしようか。考へると楽しい。その間、玨子でまに合せよう。新宿では働らいた。とに角、勇気は出た。しかし相変らず顔色は悪るい。

六月二十二日（月）　くもり／寒／道かん

今日もまだ会わない。まだ二日だ、大丈夫。しかし実際になったらどうであろうと思うと、恐い様な愉《たの》しいような氣がしてならない。

何の目的もない。唯一人で道路で遊んでいるのも春故《ゆえ》かもしれぬ。

近頃怒らなくなった。物にこだわらない様にもなった。しかし理屈は云うが強くは張らない。見たい映画もない。彼女に会い話をするのが、今唯一の楽しみであり、希望だ。

六月二十三日（火）　くもり 小雨／寒／ぞろ〳〵 夢の様

恋をするとこんなに弱くなるものか。又あの一瞬実に清くきれいになるものか。初恋。

会った。ダメだ。胸がときめき何も出来なくなった。こんどこそ。プールでしばらく目をとじ考へた。夢の様だ。本当に夢のようだ。こんなに悲しく、切ないものか。

何もいらない。何もする気力もない。彼女のあとをしたう清純な心だけしかない。

本当にきれいな心だけしか。

六月二十四日（水）　たいへんなふり／むし暑／大雨

自転車に乗っていたのでダメ。じれったい、淋しい。

家にいられない。会ったら云うつもりだが、本当に、楽屋にいてもふと思ひ出し、顔がほてり、胸がわく。又淋しくなる。会った時の会話を何度もけい古をした。他人が見たら、何だあんな奴にと思うだろうが、しかし僕の最愛？の人だ。少しぐうぞう化しているかもしれぬ。

お袋ろと目白から映画を見、寄席へ行き、喰べて帰る。よい事だ。

雨におもいっきりぬれて見たかった。


六月二十五日（木）　はれ／暖　夜寒／道ぐや

今日は会わず、玨子に時々会う。からかふ。まだ子供なのか、わざとしているのか。しゃくにさわる。

男でも女でもあゝ云う、人の云う事をすなおにきけぬ奴がいるらしい。羞《しゅう》恥心《ちしん》ではなくして。彼女ははたしてどうかしら。

いろ〳〵な奴に会う。しかしダメ。彼女と交際が清く出来るか？　もっともするつもりであるが。

僕には信念と云うのか、目的がないのか。彼女だけなのかしら。

六月二十六日(金)　**はれ くもり／むし暑／ぞろ〳〵 ゆかい**

後で又考へるのはいやだから、由雄《よしお》が本屋にいることを教えてくれたので、思ひきって云った。約束した。受けてくれた。うれしかった。実に愉しい。誰かに話をしたい。この喜びをわけてやりたかった。しかしうまく行くかいかぬかの心配が出て来た。行きそうな感じだが、会って見ると、目とも見ると実にきれいだ。美しい。

明日、何て云わうかしら。この愉しさ。春が来た。

六月二十七日(土)　**あめ／涼／反対車**

何も書きたくない。一瞬のはかない夢だった。

見ているうちが花なのか。

それとも何かのまちがいか。

うぬぼれちゃあいけない。

ぎこちない会《かい》わだった。

九州大水害。[*5]
これを書くのがせいいっぱい。

六月二十八日(日)　雨／涼／たぬき

落《おち》ついて来た。噺にせい出す。僕は前途有望なのだ。今日の『たぬき』見てくれ。あのようにうけるぢゃあないか。女性なんてものは冷せいに見ているうちがはなだ。来るまでまとう。あとはからかひだ。少しはみれんがないでもないが。あんな奴たいした事はない。胸のいろ気がねえや。面白くない。気が落ついた。ゆっくり田舎へ行けらあ。

六月二十九日(月)　くもり 小雨／普通／子ほめ

フラレタ腹いせに絶交文を書いてやろうかと思ったが、朝公がよせと云うのでやめる。やはり未練が有る様な。しかしさっぱりとする時もある。これで良いのだ。出直しだ。噺に精出せ。女なんていつでも出来る。

＊5―「昭和二十八年西日本水害」、死者七五九名、行方不明者二四二名。

途中で、電車内で新作のアイデアを考へると実に楽しい。面白い。奈みの一郎[*6]の会で休みもフイ、しかしかせげるが。小さんを送りもいけずよわった。内心、有難い。

六月三十日（火） くもり／普通／道具や

久し振りで寄席に。観念が出来た。晝夜《ひるよる》でもさして疲れない。奈美乃の会だった。珍らしい奴がずいぶん出たが、寄席じゃあやはり落語にやかなわない。勝之助《かつのすけ》・千万《せんまん》・山の一郎[*7]・雷遊[*8]なんて所がやはり良い。あとはダメ。腹はさほどではないんだが、何か怒りっぽくてこまる。三平さんが相手だからかも知れぬ。

『道具屋』が受ける。やはり客がいれば僕だって受けるさ。会《あ》はなきゃいいんだ。一人でいれば。

＊6―奈美乃一郎（なみの・いちろう、奈美野とも）、声帯模写、生没年不詳。

＊7―山野一郎（やまの・いちろう）、活動弁士・漫談家、一八九九〜一九五八。

＊8―生駒雷遊（いこま・らいゆう）、活動弁士・俳優、一八九五〜一九六四。

七月一日（水）　はれ／暑／ぞろ〳〵

七月だ。プール開き、山開き。海へ行きたい。山え行きたい。行けないとシャにムに行きたくなる。あまり女の事を考へなくなった。しかし、する事が有り過ぎて困る。旅行シ金をかせいで白ガスリ、帯《おび》をかひ、紋付もほしい。『源平《げんぺい》』を考へて『反対車《はんたいぐるま》』を教《おそ》わって中元を出して、目と胸の医者へ行って、映画を見たい。その他買うものが有りすぎるとに角《かく》、金とひマがほしい。ヒマが第一になる。

七月二日（木）　晴／暑／千早ふる

又々《またまた》暑くなった。午前中は『源平』を考へて、午後から朝《ちょう》さんと浅草へ行った。いやな所だ。銀座もよくないが、浅草は実にやだ。よく云《い》う浅草の味なんぞあるのか。僕には全然解《わか》らない。やはり新宿がいい。小さい時から行っているせいか、一番なじみが深い。僕等は多摩川で育ったんだ。どこにも染まらずにこのまゝでいいんだとつく〴〵思う。

物事をセンチに考へなくなった。恋をしてないからだ。

七月三日（金）　くもり／寒　肌さむい／道かん（熱がない）

雨が時々降って来、肌寒いくらいだ。朝、雪ヶ谷の健康保険《ほけん》所でレントゲンを取りに行った。何でもないことなのだが、ついめんどうで困る。床屋へ行く。きれいずきなのか、風呂《ふろ》と散髪はマメに行く。人形町《にんぎょうちょう》へ行って割りを取る。上りが百円たりない。髙橋さんは腹の大きい人だ。池袋の女中をおどかしてやった。タマにはいいであろう。後でせい〱した。何もくいない。良いと思ひ正しく主張した事《とき》[*1]はいい気持だ。

七月四日（土）　くもり／涼／雪てんB

楽屋にいても何か活氣《かっき》がない。噺《はなし》も陰氣の様だ。熱がない。文喜[*2]はうまいと云ったが。

土屋さんで洋楽をきいた。パティページ[*3]の「泪《なみだ》のワルツ」が印象的だった。やはり向うでもこっちでもいいのはいいんだ。

希望がなくなった。夢がない。又《また》女をほしいとも思わない。何か捨てばちな氣になる。

＊1―「事」のルビ「とき」は、談志による（原本のまま）。

＊2―桂文喜（かつら・ぶんき）、のちの二代目柳家紫朝（やなぎや・しちょう）、音曲師・落語家、一九二九～二〇一〇。

＊3―アメリカの歌手、一九二七～二〇一三。

平家物語をかりてよむ。解らないが面白い。『源平』のいい資料だ。淡々とした毎日。

七月五日（日） **道具や　たぬき**

晝夜《ひるよる》やるとちょいと頭に来る。帰って成瀬家の通夜へ行き一席やらされる。『ぞろ〳〵』でよそうと思ったが三席もやる。後味が悪るい。吉迫が又逃げて来たそうで、どうもしようのない奴《やつ》だ。かゝりあいにならぬ方がいいような気がする。

昨夜はねむくって声がかれてゝ汗をかいていたが、明日があるのでねる。六日にしるす。

七月六日（月） **くもり／涼／根問**

昨日から寝《ね》不足がつゞく。そこえ吉迫が来た。やめればいいのにと思うのだがどうもよわったものである。此《こ》っちの身も可愛《かわ》いいからヘマも出来ずよわった。奴と一緒に雪ヶ谷から三平さん宅（『源平』を教《なら》う）。

池袋へ行き「海賊黒《かいぞくくろ》ひげ」を見る。ずい分、金を使った。よわったものだ。

口ぐせがつい出る。

何か希望のない樂のない様な日がつゞく。これでいいのかしら。刺戟《しげき》がほしい。

七月七日（火）　雨／むし暑／転失氣

七夕。かざりをつけてお祭りをするヒマもなくなった。寄席稼業は段々夢がなくなって来る。淋《さび》しい。

シっとりとした七夕の夜の氣分が僕は大好きだ。楽屋でふと雨の中を二人で語った時の事を想ひ出したら、何か淋《さ》みしく楽しくなった。

雨にぬれながら歩るいた一時間。初恋とは、なる程《ほど》この様にはかなく甘いものか。又これだから想ひ出になるのであろう。映画俳優になりたくなった。落語をやりながら。

まだ〳〵僕には夢がある。希望がある。

七月八日（水）　あめ　くもり／むし暑／子ほめ

レントゲンの結果は大した事はないと云ふ。少し悪いとよかったんだが。池袋東宝[*4]で「續《ぞく》思春期」と「都会の横顔《よこがお》」を見る。前者はまあ〳〵、後者は退屈、山のない映画。しかし前者も「まごころ」には遠くおよばない。江原《えはら》達怡《たつよし》と云う少年俳優が目について来た。学生氣分が良く出ている。

客の少いせいか高座《こうざ》に熱が全然ない。前座のくせによわったものだ。

Fに対する感情も薄らいで来、落語に精出して来た。思春キ映画に出て見たい。

七月九日（木）　くもり　あめ／暑い／牛ほめ

久しぶりに雨が上り晴間《はれま》が見えたが、夕方から又降り始める。雨が降るとあの時の事をふっと思ひ出し、センチメンタルになる。ディックミネの「雨の舗道[*5]」の歌詞そのまゝのあの時の事が。その氣持を打ち消すのはよそう。思ひ出して考へよう。追憶を楽しまう。

ヒマがほしい。そして金が。少し使いすぎる。倹約《けんやく》だ。

＊4―「池袋シネマ東宝」、かつて池袋駅近く（豊島区）にあった映画館。

＊5―「雨の舗道」は、ディック・ミネ（一九〇八〜一九九一、歌手）の「或る雨の午后」に出てくる歌詞。

僕には夢を追うのみで、若さを楽しむ資格がないのであろうか。

悲しい。その原因は落語なのだ。

僕の宿命なのかも知れない。

七月十日(金)　くもり あめ／肌さむい／彌次郎

ぐっすり寝て居たのだが、暁方《あけがた》から良く眠れずどうも寝不足で調子が悪るい。何もする事がないのでレコードを借りて来てかける。洋楽もいいものだ。覚えたいがむづかしい。

阪妻*6が死んだので「破れ太鼓」を見おさめて来ようと思ひ、お袋《ふく》ろとコーパへ行くが変っていた。残念！

目白へよって池袋へ。近頃かみさんにもはまっていず、どうも氣まずい。「坊っちゃん」を読んでいたら、お世辞を云うのがつく〴〵いやになった。

＊6―阪東妻三郎（ばんどう・つまさぶろう）、俳優、一九〇一～一九五三。

七月十一日(土)　はれ くもり／寒／道具や

小《こ》さんを迎えに東京駅へ行く。帰って志《し》ん吉《きち》の代りに十番へ久しぶりに行く。都市対抗へ行きたかったのだが、時間がなく惜しくもダメ。志《し》ん生《しょう》に志ん吉が小言《こごと》を云われていた。可愛《かわい》そうになった。そこへ行くと小さんはいい。つくづく思った。

噺もいやけがさして来るし、楽しみもなし。女もいないし、面白くも何ともない。吉迫が「お前は芸人タイプになった」と云われたが、実にいやな、なさけない氣がする。気持は学生で行かうじゃないか。

七月十二日(日)　はれ／涼

楽屋で志ん吉の悪口を云っているのを聴《き》いているうちに、何か恐ろしくなった。次は自分の様な氣がして来、席を休みにくくなった。

午前中は誰もいず、する事もなく、凡々とすごす。この間多摩川を散歩・ラジオ・レコードを聞いたり時間をすごす。

ねながらきく音楽の良さ。

体がつかれている。眠い。

貞山《ていざん》の怪談も面白くない。

何だかわからない。

一日中何も考へないでねていたい。それだけ。

七月十三日(月)　くもり／涼／「再会」良上

何か大きな不安が僕を蔽《おお》って来る様である。それは休席の事であるばかりではなくして。

ともすれば暗く淋しくなる自分を明るくしてくれるのは洋楽と、そして映画のみだ。その映画も時として過ぎし悲しい夢を、忘れようとしている事実をよみがえらせて、ふっと想ひに沈ませる。

元氣がない。勇氣がない。

もっと氣を大きくもて、くよ〳〵するな。夏がやって来るじゃないか。

夏空の入道雲を見ていればきっと忘れるさ。しかし今は考えるのみ。楽しみはない。

七月十四日（火）

休む事について小さんに何か云われやしないかと思ってびく〲していたが、今日は何もない。大丈夫かも知れない。久しぶりに高座へ上った。『根《ね》問《ど》ひ』受けた。いい呼吸だ。北川等に会う。たいした噺もなく別れる。空想をしている。楽屋で、電車で、道で、家で、美しい空想だ。現実に近い僕の空想。出来そうで出来ない。愉《たの》しい夢を描いている時、その時のみ僕は若さを感じるのだ。

七月十五日（水）　はれ／並

疲れた。頭も体も全《すべ》て。だるい。唯《ただ》寝たい。何も考へずに。中元の買物をしに東横《とうよこ》へ。屋上で涼んでいた。動くのがいやになる。何も書く考へも浮かばない。全然まとまりがない。捨てばちな荒れた氣のみが残るだけ。何を理由にやけになるか、全く解らない。唯つまらない。面白くない。いやなのだ。世間に対する反ぱつかも知れない。

七月十六日（木）　くもり／涼／豆や

良く寝《ね》たものだ。良くこう寝られるものだ。朝十時頃迄《まで》寝ていて朝風呂に行き、帰って又寝た。それでいてまだねむい。ねていれば本当に極楽だ。別に外へ出たくもないし、食べたいものもなく、しゃべりたくもない。唯ねていたい。又涼しくて晝寝《ひるね》には絶好だ。

彼女の後を追わうか、このままでいやうか、もっともあきらめるつもりではいたけれど。

百合が咲いた。グラジオラスも開いた。しかし畠もいじる氣もなく、唯眺めているだけだ。

七月十七日（金）

何、寄席なんぞ少し遅れたってかまうものかと映画（ナイヤガラ、情無用の街）を見ていてもやはり席が心配で仕方がない。妙なものだ。

むし暑い、いやな天氣だ。早くカラット晴れた海水浴日よりとでもなってもらいたい。

この所なにもせず、得る所も何もなく、希望も目的も何もない。と云って女を探すでもなし。

どうも楽屋で働らかなくなった。お世辞を云って仕事でももらわなくてはいけないかな。いやな事だ。

七月十八日（土）　あめ／むし暑い／十徳

眞暗《まっくら》な楽屋で寝そべって眼を閉じている。貞山はチャチな怪談を演じている。志ん好[*7]はだかでドロ[*8]を打っている。貞三はコセ〱働らいている。どいつもロクな奴はいない。正さん[*9]が何か云ったが返事もしないでやった。息苦るしい楽屋だ。土手でねていたらどんなに氣持がいいだろう。

誰もなんとも云わないし。いやだ〱。

吉迫と高島やへサイン会を見に行った。時間がないので残念ながら三越へよって目白へ。放送の鳴物《なりもの》で金が入った。有難い。

＊7―四代目古今亭志ん好（ここんてい・しんこう）、一九〇一～一九九四。
＊8―楽屋の符丁で、怪談噺などで幽霊が出るときに打つ太鼓のこと。
＊9―林家正吉（はやしや・しょうきち）、ネタ帳書きなど楽屋の用事係を務めていた。生没年不詳。

七月十九日（日）　大雨／むし暑

豪雨が降り続く。和歌山県一帯は大水害。どうもしようがない。こっちも少し降って、社宅でも沈めちまへばいいんだが。こっちはどうなろうがかまわない。日曜なのに誰もいない。雨がザアーと降ってはやみ、いやに蒸し暑い。この暑さに窓を閉めきり、良く客は貞山なんかの噺をきいていられるものだ。僕なんぞ五分だって堪《た》えられやしない。

ちい坊[*10]が来た。

七月二十日（月）　あめ／むし暑い／道かん

降ってはやみ、又降ってはやむ雨。梅雨なら梅雨らしくシト〱と降ってもらいたいものだ。丸で夕立だ。ずぶぬれになってもかまわないから傘は持っていかない。こんなあん梅《ばい》だから楽屋の暑いこと。晝夜いると頭が変になり息苦しくなる。実に非衛生だ。客もいい災難だ。

『道かん』実にうまい。歌治[*11]なんて、てんで足もとにもおよぶまい。

菊ちゃんは仲々《なかなか》話せて可愛いい。うまくなるだろう。

＊10―談志のおば「ちいちゃん」（前出）の子、博（前出）のこと。

＊11―三遊亭歌治（さんゆうてい・うたじ）、前座時代に自殺。

今日も楽。小さんは何とも思ってないらしい。

七月二十一日（火）　くもり／むし暑

休んで見たもののどうも退屈である。体の置き場所に困る。土手へ行ったりする他になし。女友達でもいたら映画でも行くんだが。夜になるとさすがに楽しい。皆出て来るし、スリルがあって愉快だ。

ⓐ追憶　過去だ　すべて過去だⓐ

①プールの端に腰をおろし水を眺めていた①[*12]

淋しい。もう一度もどろうとしても皆は受け入れてはくれない。又僕に受け入れられる素ぼくさがなくなったのだ。考へながらも現実は僕を増々過去と離してしまう。どうすることも僕にも出来ない。誰でもこうなのか。宿命。

七月二十二日（水）

もうよそう。中山等とこちらからキッカケを作るのは。それ程《ほど》僕は安くないつもりだ。それよりFにもう一度、情けないかも知れぬがもう一度、話を

*12―①は前行のⓐとともに、原本に記されたもの。

きめてぷっつりと。

いや、又想うのが関の山かも知れない。

よそう。すべてを黙《だま》って成行きにまかそう。それが男ぢゃないか。一人だ。一人でやろう。

七月二十三日（木）　あめ／むし暑

もう冗談は云わない事にしよう。人格が下る。落語家を安く見られる。それればかりがくせになると恐ろしい。

結局ムダ口をきかない無口だ。

無口の修業をしよう。口をきくまい。本当に。田舎へ行ってもその通りにしよう。

雨が降り続いて本当に退屈。しかし前日程、外へ出歩るかなくなった。雨のせいかも知れぬが。

田舎へ行かうか、花火を見ようか……。

とに角、ムロになろう。

七月二十四日(金)　はれ/暑

まじめに正しい恋愛をして見たい。しかしその対象になる様な女性は残念ながらウノ木にはいない。NもKもよそう。

唯一つFの事を胸にしまって、あとはよそう。

涼風に吹かれて土手へすわって考へる。

自分を美化した空想だ。実に愉しいじゃないか。

外へ出るのはよそう。そんな事には見られないウノ木の奴なんか相手にするのはやめだ。この二三日でだいぶ元の自分に帰った様だ。

七月二十五日(土)

花火を見ようか、田舎へ行かうか、さんざん迷ったあげく深谷[*13]へ行く事になる。東京じゃ脈がないので田舎へ逃げた様なものだ。

ちいちゃんもお母さんも皆いいし、田舎の生活は捨てばちな、やりっぱなしな、良いいみでのだが、面白い。

女もいいのがいそうである。

*13―埼玉県の深谷(ふかや)は談志の母親・豊(とよ)の実家。談志は毎年夏に開かれる「深谷まつり」にしばしば出かけていた(巻頭口絵写真⑲)。

自分を美化し人に語っている時のみ楽しい。悲しいものだ。しかし自己の気休めさ。

七月二十六日（日）

盗[*14]が叔父《おじ》に小言を云われていた。黙っていやうと思ったがついしゃべっちまう。いけない、もう語るまい。ムロ。しゃべるな。口をきくな。理屈を云うな。唯それだけ。

暑い。本当に暑い。やむなく水に入る。きたない川の水に。

映画を見る。解らない。どこがいいのか。正直にいって解らない。皆はどうなのかも解らなくなって来た。性格の解らない人物を出すのがジャーナリストには名画らしい。

七月二十七日（月）　はれ／暑

田舎の乙女と語った。仲々さばけていゝものである。

*14―盗（やすし）は談志のいとこ、母親の兄の長男。前出・弘光、久子、淳子の兄。

お祭りが始まる。バカばやしの列がつゞく。いいふんいきなのだが、うるさい。皆はどう思っているのだろうか。あと二日、フルに使おう。金はあるし、ひまはあるし、のんびりとした田舎らしい生活。たゞ暑いのには困った。じっとしても汗ばんで来る。

七月二十八日(火)

よった。ねむい。かゆい。ジンマシンだ。日キを書くのがやっとである。頭がグラ〳〵する。実に不快だ。

もうのむまい。けっして、ぜっ対に。酒もビールものむまい。ねむいや、唯ねむい。しかしおしい、この時間をねてしまうのは。しかし体のかゆいのはしようがない。

とに角、薬をのんでもう一度町へ出よう。祭氣分たけなわ。

七月二十九日(水)

夜中、もどしてしまった。氣分が悪るい。もう飲むまい、絶対に。

良かった。最後だけにさすがによかった。深谷の女性達とゆっくり語った。一ぱんにさばけている。子供っぽい所もあるが。もっといたい。そうしてもっと親しくなりたい。あと二三日。でも祭りがないとだメかも知れない。

東京へ帰る。現実へもどる。

一生けん命に修業だ。かせごう。

この五日間、僕を十分楽しませてくれた。深谷の女学生、ありがとう。

七月三十日（木）

ウの木についても何か上品になった様な氣がし、落《おち》ついて来た。九時三〇分の上り列車で帰った。

深谷の事を想ひ出すと愉しく、甘くきりがなく。又、どんな事をしてでも行って見たくなる。考へてはいけないのだ。東京とは別な世界なのだから。過ぎし日記の一頁《ページ》だ。すべて想ひ出としてしまっておくべきだろう。

これだけわかっていてもやはり行きたい。若さ故《ゆえ》かも知れない。

七月三十一日（金）

成田詣《まい》り。さほど乗り氣はしなかったが面白かった。珍芸会、腹をかゝえて笑った。一雄・ヤエ子[*15]のストリップ、小さんのアクロバット、柳枝《りゅうし》のエロオドリ、あきれるくらい面白かった。

映画を見、機動部隊（クーパー[*16]）良下、面白くない。帰って誰もいないのですシヤで夕食。不経ざいこの上もない。アケミさんにダンスを教わる。むづかしいがやって見たい。

前よりきれいになった。

ごん[*17]と二人でねる。

*15―石田一雄（いしだ・かずお、生没年不詳）・花園八重子（はなぞの・やえこ、生没年不詳）、漫才師。

*16―ゲーリー・クーパー、アメリカの俳優、一九〇一〜一九六一。「機動部隊」はクーパー主演の映画。

*17―近所に住んでいた仲のいい友人。

八月一日(土)　くもり 日中にわか雨／「源平」


久しい間休んでいた様な氣《き》がし、高座《こうざ》が怖かった。『源平《げんぺい》』を演じ、まあく。馬次《うまじ》が陽氣にしようとしているが下手《へた》くそだ。晝席《ひるせき》なので有難い。末広《すえひろ》の女中は僕に好意があるらしい。映画の券をもらう。悪い氣はしない。

台風が来るそうだが、あてにはならない。

日本選手権、どうも日本は不がいない。

悳二[*1]が母と一緒に来た。まあ、接待してやろう。

八月二日(日)　晴／暑／雪てん

阿母《あぼ》と悳二をつれて新宿へ。寄席へより、帰りに夕飯をたべて帰る。タマにはいいさ。とてもあと見のいい、有こうに金を使ったつもりだ。

楽屋でのんびりし、噺《はなし》もうまい。僕は果報者さ。あまり近所の女学生にも、きょう味はなくなった。しかし会って噺をして見たい奴《やつ》もいる。

海へいきたい。一泊で。どうにかして行かう。

＊1―悳二（とくじ）は談志のいとこ、前出・盗（やすし）の弟。

八月三日（月）　くもり／涼／狸

女学生のあとも追わない、夢もない、活氣《かっき》もない。なんの意欲もない日がつゞく。しかし女性のいない生活がなんて意味ないカサ〳〵したものだろうか。ボートに乘《の》っても散歩をしても、つまらない。「無法松の一生」良かった。良だ。悳二を退屈させない様にするのに大わらわ。早くねないと思ひ、どうもねられる。悪いくせだ。早ね、早おき、健康第一。

八月四日（火）　あめ／寒／ぞろ〳〵

何の刺戟《しげき》もない。楽しみもない。こんな事でいいのかしら。しかし又《また》、何もしようとは思わない。田舎へ行って来た以来ずっとこの調子がつゞく。朝はねむく、又夜もねむい。金もほしくないし、むりに女性と接したくもない。たゞ何も考へずに家でブラ〳〵してねていたい。それのみである。はかないのぞみぢゃあないか。ねていたいだけなのだから、かなえてくれないかなあ。

これがサラリーマンの生活かしら。

八月五日（水）　くもり／普／子ほめ

悳二と二人で映画を見て帰る。十一時十五分。帰り「腰抜け二丁拳銃の息子」と「西部の男」、前者は面白く観る。しかしすべからく映画は、特に二流館は空氣が非常に悪るく息ぐるしい程《ほど》だ。見てしまへばつまらないのが多い。見ている時はつまらなく、終ってから良かったと思うのだ。又、思わされるのだ。しかし、仲《なか》には「まごころ」「青色かく命」の様なのもあるが。嘶が陽氣になったか、少しメチャ〳〵になる。これでいいのか、迷ってしまう。

八月六日（木）　くもり／むし暑／源平

この次もヒル席なので有難い。席の心配事もなく、しごくのんびりとしている。

うっかりすると大人になっちまう。云《い》う事は大人でも、まだ僕には少年の要素が、夢が多分に残っている。これを捨てゝはいけない。姿も考へもまだ

〱小人だ。それでいいのだ。むりに大きくなることはけっしてないのだ。小人でいて大人の社会をのぞいてよう。ある場合だけ大人になろう。だから相手は女学生でいいのだ。

八月七日(金)　くもり／普／四の字

相変らず凡々と寄席をすまして帰る。悳二は今日帰った。重荷がおりた様だ。彼を退屈させない爲《ため》に苦労する。悪るい意味じゃあない。

明美さんと多摩の野外ダンスパーティ。ガラが悪るいのでよす。少し教わる。悪るい氣じゃあない。嶺町《みねまち》で映画を見る（終りだけ）。二人いるのが得意の様になり、女学生なぞ相手にするものかと云う氣になる。少し高《たか》くとまっていた方がいいのだ。しかしこのまゝになっては大変で、まだ〱若いんだから。

八月八日（土）　**くもり／普／四の字嫌らひ**

燈籠《とうろう》流しを見に行く。一人だ。やはり淋《さび》しい。しかし独立した。プライドと云うのが出て来る。

面白くも何ともない。唯《ただ》足が疲れるのみである。しかし家へも帰りたくない。妙なものだ。Aちゃんがいたらと思ったが会わず、Fに会う。何とも云えない、又云ひたくない。過去だ。一時だけの氣の迷《まよい》なのだ。これでいいんだ、淋しいけど。このまゝでいいさ。

八月九日（日）

夜遊びがすぎてねむい。

八月十日（月）　**はれ／暑**

あまりにも僕はロマンチック過ぎるのだ。それも懐古《かいこ》的な氣持なのだ。若草物語を思ひ出しては夢を追ひ、音楽を聴《き》いては感しょう的になる。しかし今の奴等《やつら》はすべて現実で未来ばかり追って生活をしているのだ。もう語るまい。すべて默《だま》って、高く、きれいに、生活をしよう。出来うるかぎりロマンチックに。

八月十一日（火）　はれ／暑／道かん

鈴本亭《すずもとてい》、噺はまるでなまった。ヤスリで鉄をけずる様にカラ〳〵と上ずって全々客にしっくり来ない。スランプかな。

Aさんと土手づたひに多摩川遊泳場へ、そして多摩川台公園へ納涼演芸を見に。相手が美人だから友達と会っても、とくい顔《がお》である。いい氣持だ。何でもないだけに氣安くしゃべれる。とに角《かく》くたぶれた。

珍らしく朝は早かった。六時半。

八月十二日（水）　たぬき ぞろ〳〵

司会を頼《たの》まれた。とう〳〵来た。いずれはやるんだが、何だか怖い。ことわろうか。しかし思いきって受けあった。出来そうな気がし、又フット心配になる。笑ひの会だ、何とかなるかも知れぬが、例によって迷っちまう。落《おち》ついて何とやろう。それに服そうだ。アロハにしようか、Yシャツにしようか。とに角、心配だし、又……どうもよわった。

八月十三日（木）　くもり 強風／暑／子ほめ

昨日より落ちついたけど、まだ心配だ。どうも気が小さくて困る。あたってくだけろ。
目を悪るくした。眼たいをかけて寄席へ。不自由で困った。
本屋にFがいた。いかうと思ったがやめた。いかずによかったと思う。前より胸はさはがない。しかし顔を見ると想ひ出す。ヘマだったとつく〴〵思うが、それも青春よ。一頁《ページ》だ。

八月十四日（金）　あめ／普／豆や 漫だん

実に良い經驗《けいけん》になった。これからはどし〳〵司会が出来る。人《じん》かくも、貞鳳[*2]さんの様になろう。

＊2—一龍斎貞鳳（いちりゅうさい・ていほう）、講談師、一九二六〜二〇一六。

最後つなぎにかゝったけれども、つかみ込み[*3]の小噺《こばなし》で逃げた。割に受けていた。

ハナ[*4]はあせって方々にシャツを買ひに歩るく。おかげで歩きつかれて、足はだるくてしようがない。

又、品物を買う様になった。

司会が受けた事が最大の収かくである。

僕は割りに少女にもてると思った。

八月十五日（土）　あめ／暑／根どひ

屋台の仕事が有るので落語に力が入らず、漫だんに氣をとられて困る。明日は蒲田の東口。女どころのさわぎじゃあない。いよ〳〵僕もお祭りへ出られるんだ。派手にかせがうと思う。

又ヒル席、実に有難い。

さほど家へ帰って来たくもない、と云って遊ぶんでもないが。

段々少年の夢から離れていく。女学生よ、土手よ、まだいかないでくれ、もっと遊んでくれ。

＊3―他者が考えたネタから笑いを呼ぶ部分だけもってきてつなぎ合わせ、笑いをとること。
＊4―ハナは「端」で、「最初」の意。

八月十六日（日）　道ぐや

このごろ売れているのはいいが、落語がセコになっていけない。どこかへけいこへ行かねばならぬのだが。それに声がかれてよわった。

誰かいゝ相手が僕と遊んでくれたら、僕は大人にならないんだ。まだ〳〵学生、若いのだ。しかし、しだいに遠ざかるのはやむをえない。誰もこうして来るのだ。しかし僕ほど過去に郷愁を感じているのも少いだろう。

八月十七日（月）　はれ／猛暑／道かん

よわった。又噺のジレンマにオチいった。

何と云う暑さだろう。全然無風状態だ。ありとあらゆるものが、悩《なや》め、考へろ、そしてもだへろと云っている様だ。

Fに会った。わざと帽子を深くかぶり、じっと下を見て通りすぎた。こうするより他はなかった。

忘れろ。水に入って泳いで忘れるのだ。しかしそれも一時で、又……。

だるい。

八月十八日（火）　はれ／猛暑／転失気

正しく眞《ま》じめに女性と対するのもあきて来る。しかし与太者《よたもの》的に口はきゝたくない。すべて上品に行かう。

金がなくなるとほしくなる。あれもこれも、すべてだ。

暑い。戰後《せんご》最高の暑さだそうだ。三六度四分。たまったもんじゃあない。

体が丈夫になって泳いでもさして疲れない。

Mちゃんでもしっかけるか。よそう。成行きにまかそう。

何をしても、日記をつけても、まとまらない。

八月十九日（水）　源平

一人でいよう。孤独を楽しまう。一人で僕だけですべてを解決し、すべてを実行しよう。一人だ。僕と云う人間は一人なのだ。出来うるかぎり一人で行かう。それが爲に恋を失ってもいいさ。その代り誰にも干渉されない清純な恋が得られるさ。すべてなり行きにまかせよう。一人で黙って見ていよう。明日も一人で行かう。面白くなくてもいい。やがてなれるであろう。

八月二十日（木）

休席して淳子《じゅんこ》、央枝《ひさえ》をつれて逗子《ずし》へ海水浴に行く。天氣もよく、浪《なみ》もなく、人も出ていて充分に海水浴の氣分をあじわった。

一家だけで楽しむ味は又きれいでいいものだ。以後すべてそれで行かう。人よりも身うちによくしよう。半分でもいいんだ。

二仟《せん》円ほしい。

八月二十一日（金）

猛暑／暑い／千早振る

三十八度四分、氣象台始まって以来の暑さ。しかしさほど自分には感じなかった。疲れているせいかも知れぬ。

教わった噺の改作をせねばならぬ――。

家にいられない。誰かを求めて土手へ駅へ行く。自分が浅ましく見える。よそう。やめよう。

歌謡曲《かよう》をきいている。昔の歌はいい。懐《なつ》かしい。

何とも云えない。夢だ。あー。

八月二十二日（土）　雨晴くもり／あつい／ヤジロウ

今日を最後として夏も我々から去って行く様な気がする。何か淋しい。去ってゆく夏に対して充分に楽しめなかった自分が、もう帰らない夏が実に名ごりおしい。又芸道を進むのだ。次の夏には皆成長して、夢から一歩出なければならないのだ。皆も、僕も。こんな事を思ひつゝムダにすごす日々がつゞく。

淳子は帰る。雷雨があった。

ねむい。早起をしよう。

八月二十三日（日）　くもり／涼／豆や ぞろ〳〵

誰もいない。風もまったくない。明るい夜道。笑ひの会の帰り、頭の中に何もない、失神したようだ。こんな時に僕は唯小便をした。

何か刺戟があると考へさせられるもので、それが自分に関係がなくても。帰りに飛び込み自殺があった。こんな事実をかくのはたまらなくいやだ。明るい面にのみ生きていたいものだ。その時二人の女性と話した。一人は阿里しのぶ[*5]に似てい、他の一人は僕ににたAくらすの顔だ。可愛《かわ》いい、あゝ云う恋人がほしい。

涼風が吹き、秋だ。いやだ。秋がいやじゃあない。むしろ好きだが、過ぎる時がいやなんだ。

八月二十四日（月）

アロハシャツを着て出きん。何だが気がひける。やはりけがれないかっこうの方がよい。

涼しくて夜など寒いくらいだ。虫の音がしきりである。

＊5—阿里しのぶ（あり・しのぶ）、ストリッパー、生没年不詳。

ねむい。

八月二十五日（火）　あめ／うすらさむい／坊ちゃん

寒いくらいだ。春さんと代って夜席をつとめる。何もしてないんだが淋しい。寄席なんか休んぢまいたい。何とかして休む事のみを考へる。

大塚で前座の噺のけい古会。*6 やはり僕が一番うまい。又陽氣で面白い。朝《ちょう》さんも伸さんもダメ。菊ちゃんがうまくなる。

相手はいなくても、外へいれば面白く、ゆうりであっても帰りたい。家にいたい。ゆっくり一日ねていたい。唯それだけ。

八月二十六日（水）　くもり／寒／四の字嫌ひ

家へ帰っては来たいが、別にどこへも行きたくない。人の集る所へも行きたくない。段々に孤独になって来た。

もうチョッキを着て行ってもいい程の陽氣である。

＊6―八代目春風亭柳枝の自宅で開かれた前座会。

自分で自分をどうしていいか解らない。自分と云うものがどう云うものでどうすべきか、何もかも全部がわからない。解らないうちに時は去って行く。いたづらにあせるのみだ。

有益に楽しくすごすには？

八月二十七日（木）　あめ／寒／牛ほめ

雨が降り続く。寒い。ワイシャツ一枚のみすぼらしいなりで行く。別に派手なかっこうをしたくもない。人形町へワリをとりに行き、上野へよった。傘はないらしい。買うものがありすぎる。金がほしい。

凡々とすごしているが何かたりない様だ。

生次[*7]さんとつき合っているが、あまり親しくなりすぎると又離れちまうだろう。孤独が好きでいて、じっとしていられない。

＊7―古今亭生次（ここんてい・しょうじ）、のちの二代目古今亭円菊（ここんてい・えんぎく）、一九二八～二〇一二。

八月二十八日(金)　くもり 小雨／寒／ひなつば 源平

金がいくらかでもあると何か品物を買いたい。東横へ行き傘とベルトを買う。いい氣持だ。まだ〳〵買ひたいものが山と有る。

人とも別に話もしないし、又行かうともしない。自分だけ。近所とは全然つき合わず、女性達にもまるで会はない。Fも忘れて来た。会わないからだ。会へば又。どうにでもなれ。

八月でこんな涼しいのは珍らしい。

八月二十九日(土)　あめ／寒／棒や

噺の調子がきまらずよわった。一調子上げて話さうか、それとも地味に行かうかまよう。今日は地味に『棒屋』を演じ、受ける。チャンポンに入れてやらう。

帯《おび》を買う。岩本町《いわもとちょう》。金があると何でも買っちまう。いいような、悪るいくせだ。金がほしい、と云って働くのはいやだ。どうもよわった。

FもOもK・Nも丸っきり会わず。会っても話をしたくもない。芸の方が大事さ。

八月三十日（日）

今日は一日、それこそ丸一日退屈をしていた。しかしこれも体の爲にも精神的にもいい薬だ。のんびりとねている。これが一番いい。ねるほど楽はなかりけり。

雨のせいもあろう。

晴れてりゃどこかへ出あるきたくなる。

雨よふれ〳〵。

松たけが生えるさ。

八月三十一日（月）　はれ／並／狸

いいことをした。二つある。

思いきって家に帰った事。晝夜《ひるよる》つとめたこと。やってしまへばわけないんだが、どうも、出来ない。

ねむい。師を送り最終で帰る。

中央線の窓から空を見た。クッキリと青空、さわやかな日。秋だ。一足飛《いっそくとび》に来た。雨の秋とちがった。力強い雲を、空を、久しぶりに見る。

九月一日（火）　あめ／暖／乙女のめざめ

良かった。国際[*1]のライオン・ショウ、豪華実演。見ていると寄席へ行くのがばか〱しくなる。こんな小さな所でこせ〱云っているのが。なさけないのは噺《はなし》家《か》だ。

一度国際の舞台がふんでみたい。いやたしかにふまう。有名になろう。ショウのフン囲気にくらべて寄席のセコな事。噺家がいやにつく〲なった。ストリップとライスカレーが実にいやな気がした。

灰田[*2]、ロッパ[*3]、岸井[*4]、チエミ[*5]、小畑[*6]、淡谷[*7]、並木[*8]、笠置[*9]、渡辺[*10]、キドシン[*11]、服部[*12]、佐々木俊一[*13]、和田はじめ[*14]、川田義夫[*15]、アキレタボーイズ[*16]、菊池[*17]、橘薫[*18]、大山秀雄[*19]、ターキー[*20]、他大勢。

九月二日（水）　くもり／暖／根どひ

寄席へ行って、何もいわずに帰る。動くのも、話すのもいやだ。しかし高座《こうざ》へ出るとグットしまる。さすがは僕だ。

＊1―「国際劇場」、かつて台東区浅草にあった劇場で、「浅草国際劇場」とも。一九八二年閉鎖、翌年解体。
＊2―灰田勝彦（はいだ・かつひこ）、歌手、一九一一〜一九八二。
＊3―古川ロッパ（ふるかわ・ろっぱ）、喜劇俳優、一九〇三〜一九六一。
＊4―岸井明（きしい・あきら）、映画俳優、一九一〇〜一九六五。
＊5―江利チエミ（えり・ちえみ）、歌手、一九三七〜一九八二。
＊6―小畑実（おばた・みのる）、歌手、一九二三〜一九七九。
＊7―淡谷のり子（あわや・のりこ）、歌手、一九〇七〜一九九九。
＊8―並木路子（なみき・みちこ）、歌手、一九二一

少し暑くなる。まだ〳〵残暑はあるらしい。

九月三日（木）　**くもり／暖／十徳**

小《こ》さん宅へ泊る。伸公は実にのんびりしている。シャクにさわる程《ほど》だ。よくおかみさんも何も云《い》はないものだ。東横《とうよこ》へ行き、ポートワインを質入れて、円遊[*21]の家へ。十二日からだそうである。

金がないので新宿大映[*22]で映画を見る。「春雪の門」セコイ映画だ。

腹がへったが金はなし。バスで浅草へ。楽屋にいても腹がへって元気がない。

小柳[*23]はうまい。牧周[*24]もいい。

おれもやはりうまいな。

九月四日（金）　**くもり／涼**

恋、ロマンス、夢と云うものを抜きにした、生活なんぞおよそ意味ない。味もそっけもないとはこの事だろう。どこにいても、なにをしても、熱が入

〜二〇〇一。
＊9—笠置シヅ子（かさぎ・しづこ）、歌手・女優、一九一四〜一九八五。
＊10—渡辺はま子（わたなべ・はまこ）、一九一〇〜一九九九、歌手。
＊11—木戸新太郎（きど・しんたろう）、コメディアン、一九一六〜一九七五。
＊12—服部良一（はっとり・りょういち）、作曲家、一九〇七〜一九九三。
＊13—佐々木俊一（ささき・しゅんいち）、作曲家、一九〇七〜一九五七。
＊14—和田肇（わだ・はじめ）、ピアニスト、一九〇八〜一九八七。
＊15—川田義雄（かわだ・よしお）、のちの川田晴久（はるひさ）、俳優・歌手・コメディアン、一九〇七〜一九五七。

らない。唯《ただ》一つ噺《はなし》をしている時のみ、だ。

　駅でFを見る。

　やはり僕はFに恋をしていたのだろうか。唯顔《かお》にほれ込んだだけだ。顔のみで内の事を知らない。又《また》知っていてもけっして良くはないはづの彼女の事を追うとは。一時的のつもりだがこれが恋なのであろうか。

九月五日(土)　くもり／並／道ぐや

　アロハシャツを平氣で着て歩く様になった。いけない。段々にマヒされてしまう。

　シャツバカリではない、全《すべ》てそうだ。地味に本《もと》のまゝでいなくてはならない。質素にしてなければ。僕は自分の持っているものをフルに使う性質がある。

　くだらない理論や意見はやめよう。自分の胸のみにしまって……。

＊16―川田義雄が中心となって結成したボードビルグループ「あきれたぼういず」、一九五一年解散。談志は後年、「川田あっての『あきれたぼういず』」と評している（『立川談志自伝　狂気ありて』）。
＊17―菊池章子（きくち・あきこ）、歌手、一九二四～二〇〇二。
＊18―橘薫（たちばな・かおる）、歌手、一九一二～一九六三。
＊19―大山秀雄（おおやま・ひでお）、音楽家・楽団主宰者、生没年不詳。
＊20―水の江滝子（みずのえ・たきこ）、女優・映画プロデューサー、一九一五～二〇〇九。
＊21―四代目三遊亭円遊（さんゆうてい・えんゆう）、一九〇二～一九八四。

九月六日(日)

日本ばれ/並/豆や

金がない。働らかうか、学校へ行かうか。しかしもう遊んでくらす怠けぐせがついてしまった。恐ろしいものだ。もう抜けられない。他に職業が有っても。

はたして親のめんどうを見られるものか疑問だ。すわっていると足がいたく、すべてやる事がセコで、いてもたってもいられない。まったくだ。

口やてのまわりの有毛地帯《ちたい》に丸く何かはれて、かゆくてしょうがない。毛じらみかしら。

九月七日(月)

腹を下して寄席を休む。

彼女と会って、そして別れて以来、何をしてもだめだ。人間が変っていくのがわかる。静《しず》かに、そして陰になり人前に出ず、唯夢ばかりのみ追う様になった。もう一度、もしかして、と思う。しかしあれ迄《まで》して別れたのに、恥

＊22―かつて新宿区にあった映画館。
＊23―春風亭小柳(しゅんぷうてい・こりゅう)、のちの十代目柳亭芝楽(りゅうてい・しばらく)、一九三二〜一九九五。
＊24―牧野周一(まきの・しゅういち)、漫談家、一九〇五〜一九七五。

を知れとも思うし、それでも機会を偶然のチャンスを待つほかない自分になってしまった。

雨はしきりに降る。

九月八日（火）　反対車

堂々と休めばいいんだ。こせ〳〵しているから解っちまうんだ。

右女助《うめすけ》のけい古『犬拾ひ』、屋台用だ。目白へ行って上野から浅草へ。『反対車《はんたいぐるま》』セコい。やはり立っているせいか足がダルくていけない。都電の中で八十円をスられる。間抜な泥棒だ。八十円取ってどうするのだ。僕には非常に痛かった。

金城もしばらくいかない。やはり鼻の調子が変だ。

九月九日（水）　はれ／道かん

又司会の仕事があった。僕も段々売れて来る。まご〳〵してはいられない。この頃、言葉がやさしく女性的になる。いい事だ。この調子で楽屋もやって行けば良い。所によって荒い言葉にもなる。

（まだ我が家ではかやをつっている）

日中は残暑かなり暑いが、夜ともなれば風は肌に冷たく感じ、秋が急ぎ足でやって来る。秋の哀愁を唄《うた》う虫達はもう家の中に迄来、遠く近く笛を吹く。

九月十日（木）　くもり／犬拾ひ

噺を覺《おぼ》へると云う意欲が出て来た。『犬拾ひ』をネタ下ろし。上出来である。もうものになったようだ。物覺へもすこぶる良い。

しかし行く所が有りすぎて困る。

馬次《うまじ》の二の舞になると困るから気をつけねばいけない。

染之助《そめのすけ》の親子はいやな奴だ。

おぼへていろ。


明日一番で小さんをむかへにいかねば。

グロストを又見てしまった。

九月十一日（金）　あめ　くもり　はれ／寒／犬拾ひ　根どひ

さんざ迷ったあげくに二番に乗《の》り、東京駅へ師匠をむかえに行った。ねむい、寒い、雨はしきりに降っている。小さん、貞丈[*25]、さくら[*26]、竜光[*27]の四人旅。むかへに行ってよかった。

晝席《ひるせき》へ行っても何も眠くない。かへってふだんより活氣《かっき》があるくらいだ。しかしねねばいけないと思ひ、亀造[*28]さんの最後のラジオをきいてねる。うまいが声が少し変だった。

少し働らいてかせごう。運動もしよう。すいみんをとろう。

九月十二日（土）　くもり　あめ／むし暑／犬拾ひ2

何だか頭のこんがらかった様ないやな日だ。それに又、馬鹿にむし暑い。円遊の噺もたいした事もないし、新作なぞつくぐ〳〵やる気がなくなった。十番の電話はかゝらないし、噺はセコいし、雨は降るし、一心会はセコイし、仕事の事で頭は段々複雑《ふくざつ》になって来る。

早くねちまおう。

＊25―五代目一龍斎貞丈（いちりゅうさい・ていじょう）、講釈師、一九〇六〜一九六八。
＊26―桧山さくら（ひやま・さくら）、俗曲師、一九二五〜二〇〇七。
＊27―アダチ竜光（あだち・りゅうこう）、奇術師、一八九六〜一九八二。
＊28―十返舎亀造（じっぺんしゃ・かめぞう）、漫才師、一九〇一〜一九五三。十返舎菊次（じっぺんしゃ・きくじ、一九一二〜一九七二）と組み、十返舎亀造・菊次として活動していた。

九月十三日(日)　あめ／むし暑い／犬拾ひ2

この所仕事がやけにある。有難い。金を返すのに大わらわである。雨なので、ないと思った乃木《のぎ》神社があった*29ので、服を取りに家へ帰り、むし暑いので汗をかき、何ど取りかへても下着がよごれる。風呂《ふろ》へ行ったら垢《あか》がすごく出た。

ずっと晝夜《ひるよる》。さほど女学生にかん心がないから平気である。せいぜい、かせごう。又明日もいそがしい。

九月十四日(月)　あめ／並／千早

本当にこの所落ちついて来て意欲が出て来た。これでなくてはいけない。寄席の空気にひたりきっている。何でもないから妙だ。又少しはなれて女学生と遊ぼうかしら。

僕はもっと偉いんだ。もっとする事があるんだ。上へ上へと行く人間なのだ。

*29―乃木神社（港区赤坂）で開催された祭りに漫談で出演。

相変らず、きり雨が降りつゞく。

九月十五日（火）　**犬拾ひ＝B　根どひ＝A**

楽屋内で何か云う事がつっけんどんになる。かまうものか。末広《すえひろ》から伸公の代りで立花《たちばな》へ。仕事が三つフイになった。馬鹿ヤロウ。けい古会にも来ない。間抜け野郎だ。ムダがあったがオレの『千早《ちはや》』は皆うまいと云う。やはり一番うまいらしい。

松内則三[*30]はいやな奴だ。でも帰りには普通だった。

近頃女性とも交際しないし、恋もしない故か、甘くセンチメンタルに物を考へなくなった。もう一ど、して見たい。まだ〳〵若い。

九月十六日（水）　**あめ／暑／犬拾ひ**

新宿の馬鹿野郎にシメを持って行けと云われた時には、行くのをやめようかと思った。なさけないものだ。司会として行くなら、みっともなくてもって行けるものじゃあない。こゝが前座のなさけなさ。しゃくにさわって、汗

＊30—松内則三（まつうちのりぞう）、アナウンサー、一八九〇～一九七二。

が出てびっしょりになった。小さんの所へよって帰る。のべつに雨が降る。キリ雨や雷雨がしっきりなしに。
花の中の娘たちを見る。さっぱりしてきれいな映画。小林[*31]は実にいい。

九月十七日(木)　くもり／暑／犬拾ひ

上北沢《かみきたざわ》の司会、面白くも何ともない。五〇〇円くれた。
スランプと云うのか、ねむくって物を考へると頭が変になる。
もうあんな仕事はいくまい。
きんさんと、りん慶[*32]が遊びに来ていた。よきょうの帰りらしい。
きんさんは相変らず陽気で面白い。

九月十八日(金)　あめ／並／長やの算術

嶺町《みねまち》のお祭り、雨が降る。可愛《かわい》そうに。演芸はやった。馬ちゃんなぞ、まるで受けない。僕の方がよく受ける。

＊31―小林桂樹（こばやし・けいじゅ）、俳優、一九二三〜二〇一〇。

＊32―五代目西尾麟慶（にしお・りんけい）、講釈師、のちの六代目小金井芦洲（こがねい・ろしゅう）、一九二六〜二〇〇三。

玨子とけい子に会う。思ったより気がるに話をする。向うも待っていたらしい。又始めようかしら。

こっちから行かずとも自然に来る。チャンスをつかめばいゝのだが。

Fの事は成行《なりゆき》にまわそう。

九月十九日（土）　**清書ム筆**

阿袋《おふくろ》と央枝《ひさえ》をつれて映画を観て「我が心に歌えば」、モーリで夕飯をたべてすしを土産《みや》げに帰る。いい心持《こころもち》だ。金も惜しくない。タマにはいい。その代り、はかまをかうのがまたのびる。でもいいさ。

僕の噺も順調にうまくなっている。このまゝどん〳〵のびたらたいしたものだ。笑ひもうまく出来るようになって来た。


九月二十日（日）　**快晴／さわやか／清書無筆＝C**

新宿の裏口の所でロケをしていた。与太者《よたもの》風の奴等《やつら》になぐられた。しゃくにさわったが、さして口惜《くや》しくなかった。相手が人間じゃないと考へて。人間が出来て来たのかも知れない。大人になっても人をなぐる奴らの心が解らない。
久しぶりの快晴。風もさわやか。秋も濃く色を増す。新宿の人出は相変らず多い。

九月二十一日(月)　晴／少しすゞしい／漫談＝C

笑ひの會《かい》の仕事で王子中学校で司會をする。うまくない。でもまあ〳〵だ。その爲《ため》、昼席は抜き。

少し落ち着いて来ると昔の氣持《きもち》に帰る。でも後を追う様な眞似《まね》はけしてしない。やはり機會が無くてはダメだ。顔のキレイナ、スタイルの良い女学生と交際をしたいものである。いつまでもムジャキに、夢を失わない爲にも。必要だ。

九月二十二日(火)　はれ／涼／長やの算術

山中の様にはっきりした態度をとられると、しみったれる解《わけ》でもないが、金を出すのがいやになる。塩田の方がずっといい。おかげでためようとした金がすってんてんになっちまった。でもいいや。

噺がうまくなった。又陰気になる。心配しても始まらない。どうにかなるだろうから銀ブラをしたけれども、面白くも何ともない。やはり僕はうの木で、うの木の女学生と遊んでいるのが一番性に合っている。

九月二十三日(水)　あめ／寒い／犬拾ひ 反対車 清書ム筆

早朝興行、調子をやって聲《こえ》の出ないのを後なしで二度上り、実に苦るしい。しかし三度目の『長屋の算術』は上出来であった。A級。

眠い、非常に。外へ行く気なんぞない。とに角《かく》ねむいのでねる。たまの早《はや》寝《ね》も良いだろう。

雨が降ったので席は大入り。

これっきりもう女学生相手の恋愛ゴッコは出来ないのかしら。僕は満十七才。

九月二十四日(木)

夜来の雨が降り続く。明昼には二百ミリの大雨があるそうだ。降るだけ降ってくれ。好きなだけ。少し混乱してほしい。

僕は女学生のみを追う。他の女性が来ても受けつけまい。それが為、取り残されても良い。僕には落語がある。それにすがって行けばいいのだ。

(日活名画ザ)三〇円

「花咲ける騎士道」、噂《うわさ》通りイキな洒落《しゃれ》たフランスらしい面白い映画だ。

九月二十五日(金)　**大風/むし暑い/清書ム筆=B**

台風の餘波《よは》で風がやけに強い。鈴本を終え、小さんの用事で右太郎[*33]と目白へ荷物をとりに行き、上のへ帰って浅草の松竹座[*34]で「貴女は若すぎる」を見る。こう云う凡々とした映画は好きだが風の音が何か不気味に予感をあたえる。途中で出る。たいした事はないが不安だ。

*33―桂右太郎(かつら・うたろう)、生没年不詳。

*34―かつて台東区浅草にあった劇場。一九六三年廃業。

ず太い面と非常に弱い片面が僕には有る。全部遺《い》でんである。

九月二十六日（土）　はれ／暖　僕には涼／清書ム筆＝B

見たくないものを観る。そして大切な時間をつぶす。一種の「みえ」であろうか。

その為浅草へ行った。行くたびに浅草の下司《げす》い悪るさのみが印象に残る。実に不快な所だ。脳無しの集まりだ。とうていとけこんで行けるものでない。そこへ行くと、なぐられても新宿は良い。大好き。一番愛する町だ。したしみやすい町が新宿だ。

九月二十七日（日）　はれ／暑／清書ム筆＝C

菊人形を多摩川園に見る。良い。僕のシュミにぴったりしている。自分の好みにのみ、ぼっとうしていればいいのだ。何もムリに他の方面に、ミエに、足を入れる事はない。欲張らず、小さく自分だけ静かに生きればいいのだ。どっちかと云えば、これが僕の気質だろう。

落語で派手に交際するのは本分ではないらしい。

九月二十八日（月）　はれ／普／清書ム筆＝C

噺で成功し、大家になるのもさる事ながら、僕にはもう一つ、派手な一流ボードヴィリアンが希望だ。かならずなる。そして大劇場の舞台をふみ、金をもうけるのだ。そして噺をきずつけぬ様に……。

（国際で実演ひばりの水兵*35）を見ての所感である。

金がなくとも割に気楽だ。

九月二十九日（火）　はれ／並／清書ムひつ＝B

僕の青春を楽しませてくれたF、そして淋しく悲ませたF、一人残されて若さを味けなく失せたF、彼女の事を考へると芸に対する情熱もふとさめ我に返り、僕を孤独にさせ黙らせてしまう。

＊35―「ひばりの陽気な水兵さん」。歌あり踊りありの美空ひばりの公演。

Ｆに代る人を探そうかしら。それによって若さを取りもどそうか。しかしＦ以上の美人は仲々《なかなか》いない。僕にはまだ心より顔なのだ。誰しもそうだろう。小さん等が嶺小へ来た。どいつもこいつもセコい奴ばかりだ。歌奴《うたやっこ》ぐらいだろう。

九月三十日（水）　あめ／むし暑

冗談じゃあない。むし暑い雨の中を荷物を持って、ウノ木→目黒→目白→鶯谷《うぐいすだに》（タクシー）→宮永町（お寺手伝ひ）→江戸川橋（柳橋*36、貞山）→柳町（あるき）→新宿→四谷三丁目→三河台町《みかわだいまち》十番（あるき）→虎の町→上の→大塚→上の→蒲田ウノ木。

とに角つかれた。体より足が。汗とあめと一緒だ。

明日立花が何よりだ。

ねむい、疲れた。

＊36―六代目春風亭柳橋（しゅんぷうてい・りゅうきょう）、一八九九〜一九七九。

十月一日（木）　清書ム筆

寒い。風をひいたせいもあろう。秋雨が、農家にとって無情の雨がしきりに降る。しと〱と、本当にしと〱と、道を木を、そして家をぬらす。立花《たちばな》をぶじにすませ、家に帰った。僕に雨と虫のコーラスが気を静《しず》めてくれる。

若蔵《わかぞう》を見まいに大井山中町へ。すしの貸《か》り食ひをやる。いやな気分だ。一人ぼっちがなれて来たか、立花もムゾウサにやる。

米が増々上るらしい。二五〇円。

十月二日（金）　快晴／冷／犬拾ひ

小《こ》さんに似て来たせいか気が大きく、そして眞《ま》じめになる。しかし実行、特に楽屋内の行動とは一致しない。しなくてもいゝや。僕は僕なりの売り方をし、偉くなるんだ。誰の手をも借りずに。

何か急に老ひ込んでしまった様だ。十七才でも僕にはもう青春は終りの様な気がする。さようなら女学生。女学生は永遠に僕の友であり、あこがれである。もう一度！　夢かも知れぬ。

十月三日（土）

朝《ちょう》さんがとまって行った。僕は小さんの会、椙森神社《すぎのもりじんじゃ》＊1。『清書ム筆』を演《や》る。誰もほめない。つまらない。朝公《ちょうこう》はずい分ほめられた。僕よりうまいのかしら。

そんな事はないはづだ。面白くない。どうしてこう云《い》う集りを僕はきらうのかしら。人の上に出ると云う前ぶれかも知れない。僕はけっして人の下にはならないんだから。

東《あずま》富士《ふじ》＊2優勝十四勝一負。

十月四日（日）　はれ／並／根どひ＝C

彼女に会った。何か明るい希望がわいて来た様だ。あれ以来一方的見方をしなくなった僕だが、しかしさほど悪意は持ってなく、むしろ好意もあるらしい。しかしこっちの方が何しろ一段下になってしまったのだから困る。

＊1―中央区日本橋堀留町にある神社で、師匠小さんが勉強会を開いていた。

＊2―大相撲力士、一九二一〜一九七三。

相変らずきれいだ。

何かあいさつをしようかしら。

前よりも何か云ひやすくなったようだ。

駒沢球場[＊3]、成瀬と二人で行く。

神谷[＊4]さんが対毎日[＊5]戦へ出た。日本二本、まあ〳〵だがまだ〳〵若い。

十月五日(月)　はれ／子ほめ=B

昨夜会った。夢で。楽しかった。本当に。噺も夢が実現したのだ。きっと実現させて見せよう。

チャンスよ、早く来い！

又々《またまた》ゆううつになった。楽屋にいても思ひ出す。又、自分でそうつとめている。又々休みたくなった。何とか休んできっかけを作ろう。

前座会え出る。面白くもない。僕は一人でどこへでも行き、又一人でやってゆきたいのだ。出来る事なら前座会をやめたい。

＊3―「駒沢野球場」、かつて世田谷区にあった。一九六二年廃止。
＊4―神谷定男（かみや・さだお）、東急フライヤーズ（当時）の野球選手、一九三一～二〇一六。東京高校出身で、談志と同窓。
＊5―「毎日オリオンズ」、のちの「千葉ロッテマリーンズ」。

十月六日(火)　**はれ／夜は寒／ぞろ〳〵＝C**

過ぎし日を振り返って見た。川濵へ出ていた時分、楽屋にいてもあの日と恋の匂ひが忘れようとしても忘れられずに、下を通る女学生を眺め、そして彼女の事を連想していたのに……。

　今はその甘い匂ひもなければ、その気持にひたるでも。よびもどさうとしても何々頭へ浮かんで来ない。しかし彼女に対する慕情は前よりさしておとろへてはないはずなのだが、妙なものだ。まったく。芸があるからかしら。

(テアトル渋谷[*6]でウィドマーク[*7]の拾った女、面白い。楽しめた)

十月七日(水)　**雪てん＝C**

いそがしい。けい古と使いと私用がかさなって頭がこんがらがる。どうやらさばいているものの、疲れる。しかしさほど体にこたへない。秋故《ゆえ》かも知れぬ。

又々女の事で寄席を休まうと考へるようになった。秋故かも知れぬ。

*6―かつて渋谷区にあった映画館。一九六八年閉館。
*7―リチャード・ウィドマーク、アメリカの俳優、一九一四～二〇〇八。

十月八日（木）　くもり／並／ヤジロー＝B

新宿文化で「誘蛾燈《ゆうがとう》」を観る。相変らず八千草《やちぐさ》は美しくかれんだ。友エ門[*8]がにくいくらい。それにくらべて杉葉子《すぎようこ》[*9]のセコい事。くらべものにならない。

良上

この映画の友右エ門の様な態度を彼女に対してとるべきか、又きっぱりとやめるべきだろうか。僕も男だ。きっぱりとやめるとなればやめるつもりだ。しかしそれが僕の最初の、そして最後の「まごころ」に終止符を打つ時なのだ。

考へやう。

十月九日（金）　あめ／冷／道ぐや＝C

又々風をひいた。昨夜一晩ノミになやまされた結果がこれである。ね不足でよわった。円遊のけい古が十一時『鈴ヶ森』。小さんの宅から桃太郎[*10]の家へ使ひに行き、鈴本《すずもと》でねる。落ついてねてられぬ。

雨は大降りになる。よく〳〵雨の多い年だ。立花もなれて来ると悪くもな

*8―七代目大谷友右衛門（おおたに・ともえもん）、のちの四代目中村雀右衛門（なかむら・じゃくえもん）、歌舞伎役者・俳優、一九二〇～二〇一二。

*9―女優、一九二八～二〇一九。

*10―昔々亭桃太郎（せきせきてい・ももたろう）、一九一〇～一九七〇。

い。松本をのぞいて。

明日はつかれたと云って休まう。ゆっくりねる。それが第一。

休んで彼女の顔でも見ようかしら。

十月十日(土)　はれ／並／犬拾ひ

立花の松本に注意をされた。心配をしないつもりであったのだがやはり気になる。明日、明後日は何とかして休まう。

塩田と一緒に立花へ行き、帰りにスシヤに。

あまりに安いので何だかいきづらい。

腹がはって苦しい。こんな苦しいものかしら。

久しぶりにゆっくりくつろいだ。

Fの姿はちょっと見る。胸がふっくらして来る。

十月十一日（日）

日本ばれ／並／休

理性が強いのか、意気地《いくじ》がないのか、思ひ切った事が出来ない。そして考へるのだ。又その考へる事自体が僕は好きなのだ。頭の中で自分を笑ひはげまし、冷情にさせる。默々《もくもく》として考へを続けよう。誰にもいわずに。

寄席を休む。休む事によって失われつゝある青春（思慕）を取りもどすのだ。それならば大いに良いじゃあないか。夢を、若さを保つ爲《ため》に。もう一日休む。Ｆに何とか（それ程《ほど》つよく出来ない。以前と違う）傳《つた》えられた。最後のチャンス、最後の瞬目だ。よく見とこうと思う。

十月十二日（月）

もう何も書きたくない。
すべてが終ったのだ。
あらゆる事が人より以上、感しょう的な僕をみじめにしてしまったのだ。

失望！

それのみ。

十月十三日（火）　**はれ／鈴ヶ森＝C**

心に冷静を失った解《わけ》じゃあないが、もう、すべからくいやになっちまった。裏切者。人間性を理解出来ないものばかりなのだ。

僕は自己をそっと誰にもふれさせずに育てよう。

十月十四日（水）　**はれ　くもり　一時雨／寒／鈴ヶ森＝C**

小さんの小言《こごと》はたいした事はなかった。

この前の小さんの会の時の『清書ム筆』がケチョンにけなされていた。何を云ってやんでえと思う。

僕は一人さ。孤独でいいんだ。その仲《なか》から夢を生み、希望を見つけ、楽しく愉快に生活して行くのだ。
ルンペンみたいな姿をしていても、心は春なのだ。

十月十五日（木）　はれ／寒

敬老会へ行く。
千円出した。
有難いとも思はない。

面白くも何ともない日日がつゞく。

旅へでも出たら、いくらか気も晴れるだろう。

十月十六日（金）　はれ／冷／鈴ヶ森＝A

寒い。めっきりと冷え込む。帰りなぞふるへるくらいだ。

あの甘いスリルのある、そして悩《なや》んだ恋の味が一さいなくなってしまった。何とサバ〳〵とした生活だろう。うるおいがないのだ。ワザト、ボロシャツにボロズボン、ルンペンハットに手ぬぐひを下げた姿でかよっている。もう何でもいいからだ。この方が気楽だ。もう僕は噺のチャンピオンでもなくなった。皆そう思っているらしい。しかしその力はまだまだあるつもりだ。朝公なんぞは目じゃない。

十月十七日(土)　はれ／並／道かん＝A

今の生活から落語を取りのぞいたら何が残るだろうか。しかしこれがいわゆる芸道一途《いちず》とでも云うのか。全く面白くもない。久しぶり、浅草で映画を見る。つまらない。何でも面白くない。

金がもう少しあるといいんだが。のん気なものだ。なくったって、困っていたって、そうガムシャラにほしくない。あればいいんだがと思うだけ。

むだ使いしてないし。

〰〰〰〰〰〰〰〰〰〰

十月十八日（日）　**はれ／並／鈴ヶ森＝A　犬拾ひ＝可**

何か気持の良い日だった。定期を買ひ浅草へ。小さんに色紙を書いてもらひ、蛇の目寿司へ。金をよけいにおいて出て来る。

勝ちほこった様な気持だ。

銀馬[*11]さんの仕事で金杉小学校五〇〇円。タロウ[*12]も良いし噺も良かった。晴れぐ〳〵した一日だ。家で考へているより外へ出た方が何か有る。そしてそれが何かのプラスになる。


十月十九日（月）　**はれ／暖／清書ムヒツ＝C**

帰りみち、空を見上げる。

何の濁《にご》りのない月と雲。

この瞬間だけが僕の心を空《くう》きょにする。考へと云うのがすべてなくなる時

＊11―三遊亭銀馬（さんゆうてい・ぎんば）、一九〇二～一九七六、一九五二年廃業。
＊12―楽屋の符丁で、「お金」の意。

だ。足は自然に家路をさして進んでいる。

ほんの一分ぐらいの間だ。

そしてすぐ社会へもどるのだ。さすれば善悪がすべて伴って感情を支配する。いやだ〱。

楽しみのない意欲のない生活。

月を雲を木立を道を見て想う。自然とはこうも可愛《かわ》いいものかしら。

十月二十日(火)　鈴ヶ森＝C

お高《たか》くとまっていてやろう。

表てえ出れば五分と五分、いや彼等と僕とは人種が違うのだ。

見えをはって負けずに行くんだ。それでいいんだ。


ねむい時はねるにかぎる。

ちと、ね不足なり。


「終着駅」、浅草松竹座。良。

十月二十一日（水）　はれ／並／ヤジロー＝C

淋《さび》しい。唯《ただ》淋しい。
もう此頃《このごろ》は感しょう的にはならないが、しかし淋しい。落着くとつくぐ感じる。
湯の途中、Ｆにあった。下をむいて黙って通る。
淋しい！

十月二十二日（木）　はれ／暖

しかし愉快だ。
何か新らしい生活を見出した様だ。
『長やの花見』を小さんにけいこ。末広《すえひろ》も軽くやり、元気一ぱい。

秋晴れがつゞく。

十月二十三日（金）　はれ／暖／鈴ヶ森＝C

御飯もうまいし噺も良く覚《おぼ》えられる。体の調子が良いからだ。やはり秋だ。

働らいている時は全然感じない。僕が一人になると（床《とこ》で）やはり気になる。

段々と忘れるんだ。会わねば、忘れるんだが……。

時間も有るし金もあるが。

やはりこれでいいや。

十月二十四日（土）

平凡に寄席をつとめる。

これが一番いい。

帰ってもどこも出ずにいる。

朝さんはどうもたいした事はない。いん気で感じが悪るい。

自慢の『一分茶番《いちぶちゃばん》』もたいした事はない。

別に書きしるす事もない。

あーあ。

春はすぎ行く。

十月二十五日（日）　はれ／鈴ヶ森＝C

六時半起き、八時迄《まで》末広へ。

たいして苦にならない。健康だからだ。さすがに二時半ごろは眠くなった。むりもない。

すしを喰《た》べ、そばを喰《く》ひ、腹は一ぱい。あたり前だ。

日曜は相変らず人の並。美人が通る。ブラ〱していたら一人ぐらひモノになるかしら。

帰りは若蔵と一緒。土手づたいに女学生。アベック。なつかしい。

十月二十六日（月）　晴／暖／禁じられた遊び＝秀

「禁じられた遊び」

近来にない感めいを受けた。何もかも実にすばらしい映画だ。涙《なみだ》がにじみ出た。あの主役の女の子は永久に忘れられないであろう。他の恋愛映画なんて見られなくなるだろう。

しばらく終ってから頭を上げる事が出来なかった。もう一度見たい。しかし、いぢらしくて見られないであろう。

見えをはらずに見て感動出来る様になった自分に感謝する。

十月二十七日（火）　はれ／寒／ヤジロー＝C

昨日の感動がまだ続いている。思えば想う程可愛いくいぢらしい姿だ。

映画の様な気がしない。

あの犬を抱き、ぼう然としている姿を思ひ出すと、嘶なむぞしていられない。

何を考へてもあの映画と結びついてしまう。ムジャ気な都会の少女ポーレット。考へるとたまらない。あまりにもいた〳〵しいので。

十月二十八日（水）　雨／とても寒

「禁じられた遊び」がまだ頭にこびりついていて離れない。実に大きなショックだ。ストーリイジャあない。あの子供の有り方がなのだ。

小満《ま》んが自動車にはねられ重たいだ。しぶ〳〵見舞に行く。寄席仲間のどんな奴が死なうの病《わずら》うと、何とも思はない。思うものか。僕は一人なのだもの。義理にも涙なんか出ないだろう。

十月二十九日（木）　くもり 夜雨／寒／長やの花見＝B

前座生活に慣れて来た爲か、ずぼらになった。正太《しょうた》の様にいやながらも一生けん命にやった昔の面影は一つもない。いやならほっぽり出す迄だ。女の子にも関心がない、興味がないのでなくして、めんどくさいのである。まっすぐ飛んで帰る事もないし、夜出て歩るく事もない。

『長やの花見』ネタ下し。

十月三十日（金）　くもり／寒

一々理屈を云うのがもういやになった。十時半に家を出て六時半に帰る。何を書くにもまとまらない。決断力が弱くなっている。

禁じられたを見てから肉親愛と云うのがつよくなった。ギャクに他人なんか何があっても平ちゃらになった。

何でもいいよ、どうでもなってくれ。

十月三十一日(土)　くもり/寒/長やの花見=B

近頃では自分に与《あた》えられた時間をすなおにすごす事のみになった。
ムリに時間を作る事もなくなってしまった。

新宿のお茶子《ちゃこ》、[*13] 可愛いい。
脈がありそうだが、明日から上のである。残念。

『長やの花見』、順調。
パリのアメリカ人、テアトルSS。[*14]
面白くない。

*13—寄席などで、客の案内などをする女性従業員。

*14—かつて渋谷区にあった映画館。一九七四年閉館。

十一月一日(日)　はれ／暑／花見＝A

日記をめくって十一月かと思うだけで何の感じもしない。又々《またまた》休みとなると家にいたくなる。

右太郎《うたろう》が、新宿の彼女は僕に気があると教《おし》えてくれた。まあいいだろう。それ程《ほど》うぬぼれないさ。こりたもの。

塩田と三河島《みかわしま》へ行ったり、ずい分つかれた。金がほしいな。

十一月二日(月)　はれ／暖／鈴ヶ森＝B

いそがしい。疲れてもいたが、する事を全部してしまった。気持がいい。小満《ま》んさんの所へも行ったし、三河島へ行ってジャンバーとズボンを買ったし（二八〇〇・二〇〇〇）、御《み》たけ山《さん》へも行って見たし。

一人がいい。どこでも行けるし気楽であるし一人になれるとこのくらいいいものはない。鈴本《すずもと》も楽だ。

十一月三日（火）　はれ／寒暖／たぬき

学生にもどった様だ。東島とおそくまで花を打ったりふざけたり。しかしやはりどこか落ついている。年のせいだろう。山中も来る。

ムダ使いもしない。借金があるもの。

子供に帰った様だ。

有難い。

お袋はお店が面白いらしい。でもいいさ。気持だけ持っていれば。

お袋《ふく》ろの事だもの。

十一月四日（水）

手がだるいのでビタミンBの注射を打ってもらう。右の方がだるい（左は直ったが）。

元気で上ったが高座《こうざ》はさっぱりさえず、ダメ、メチャ〳〵。馬次《うまじ》が来ていた。自棄になっているようだ。ムリに地を出そうとしている。馬鹿な奴《やつ》だ。

噺《はなし》はダメでも最後まですてなかった。松坂シネマ[*1]「MP[*2]」を見る。面白い。ボッブホープ[*3]は気に入った。一番面白い。もっとも他を見ないが。右太郎と云《い》う洒落《しゃれ》の解《わか》らない奴と一緒に見る。新らしいズボンをはいて行った。

十一月五日（木）　はれ／暖／四の字＝C

さんざん迷ったあげく家へ帰って来た。眠かったせいもあったが、良かった。誰もいなくとも帰らねばいけない。もうこのごろ楽屋でも何もしないし疲れない。

帰って風呂《ふろ》へ行ってさっぱりする。明日から出直しだ。この所キリン児[*4]もパットせず、縞馬《しまうま》ぐらいだから。

早く帰っても何とかかんとか用があって、早くは寝《ね》られない。

＊1―かつて台東区にあった映画館。
＊2―アメリカ映画「腰抜けM・P」のこと。
＊3―ボブ・ホープ。イギリス出身、アメリカで活躍した俳優・コメディアン、一九〇三〜二〇〇三。
＊4―自分のこと。才能ある将来有望な少年を「麒麟児（きりんじ）」というが、前座、二つ目時代の談志はそう呼ばれていた。

十一月六日（金）　**くもり／寒／花見＝C**

めっきりひえ込む。オーバ姿だ。昨晩風を引いたせいもあろう。とても寒い。六枚着てちょうど良い。ゆっくり出かける。十一時半。鈴本をすませ（噺《はなし》がます〳〵セコになる）、右太郎と池袋へより新宿へ。「地獄門」を見る。色彩もけっこういい。

右太郎の話をきいていると、僕なぞは割につゝましく生活している方だ。どんな時でも自分を持って上品にしていなければ。お高《たか》くてもかまわない。もう一度学生気分を味わって見たい。学校へ行かなくてもいいんだ。旅行に行きたいんだ。

十一月七日（土）　**はれ／並／四の字嫌ひ**

東島が中山等と何か話をしていた。どう見ても良家の子供達ぢゃあない。不良少女とチンピラだ。僕は直《す》ぐ別れた。あんなのと口をきくと馬鹿になっちまう。もっときれいに行かう。きれいな女性がいなければ一人でいいのだ。自分だけ常に美しく高く生活《くら》そう。

竹藏《たけぞう》の奴は生意氣《なまいき》だ。黙《だま》っているのでつけ上っているのか、解らないのか、とに角《かく》言ってやらねば。

十一月八日(日)　晴／並／反対車＝B 鈴ヶ森＝A

ジャンパーが出来た。日曜で早く帰りたかったが取りに行った。いくつになっても着物が出来るとうれしいものだ。特にこのごろ單純《たんじゅん》になったせいかそう感じる。これで僕も段々衣裳《いしょう》が増えてきた。うれしい。

『反対車《はんたいぐるま》』『鈴ヶ森《すずがもり》』共に受ける。後者は師匠がきいていたのでなおよかった。実力の片鱗《へんりん》を見せた様だ。何か張り切った日だ。

学生から徐々に離れて行く。

十一月九日(月)　くもり／並／雪てん＝BB

疲れた。眠い。

唯《ただ》これだけを書くのがやっとだ。

虫下《むしくだ》し＊5をのむで腹がへっているし。
すぐねる。

十一月十日(火)　くもり／冷／S子

鈴本で右太郎が来ないので、来る迄《まで》残された。恋人との待合せでも有ったらどんな気持だろうと思ったら、自分がそうの様に思えて涙《なみだ》が出てきた。シャツのまゝ抜けだして新宿へ。末広《すえひろ》のSチャンを呼び出しランデブー？僕に好意はある。彼女も仲々《なかなか》きれいだ。一緒にいてもはづかしくない。第一印象もいい。僕は女の子にモテルかしら。けれどあきられ安いのもたしかだ。

十一月十一日(水)　くもり／冷／花見＝C

困った、Sの事が頭から離れない。目先きにちらつく。会ひに行かうか、いややめよう。誰かに話そうか、いやよそう。一人だったはづだ。孤独のつもりなのだから。

＊5—寄生虫駆除薬のこと。昭和二十年代から三十年代、回虫を持つ児童・生徒が多く、皆が飲んでいた。

あんなのと思っても、どうもよわった。愛に女にうえているのだ。きっとそうだ。いくじのない奴だ。でも彼女は愛くるしい。男として女の欲している事をしてやらねばならないのか、してはいけないのか。

僕には出来ない、初心《うぶ》なのだ。

十一月十二日(木)　はれ／並／花見＝B

完全に惚《ほ》れているらしい。

心がうき〳〵する様ないい気持だ。

しかしあまり知られると困るし、もっとスリルを味はひたい。何か後《うしろ》めたく、堂々と呼び、堂々と電話することが出来ない。

こっちの方が一枚上だ。いい気持。

仲間なんかは別問題さ。

僕一人で良い事をし、楽しまう。

十一月十三日(金)　くもり／寒／花見＝C

はたの奴が色々ととりざたしてうるさく、しゃくにさわる。何だっていいぢゃあないか。

彼女の事が心配になって来た。会えば一ぺんに直るであろうが、とに角、明日会わう。堂々と会って話そう。廻《まわ》りの奴の爲《ため》に気が代っても馬鹿らしいし。

風をひき、顔《かお》にオデキが出来ちまった。こんな顔では彼女にも会えない。とに角、困った。

十一月十四日(土)　はれ／並／花見

前座会を中途で抜けてS子の所へ。始め、あわてたが、やはりなので安心した。伊勢丹の屋上で話をする。先日より僕の感じが落ちたかも知れない。僕見たいな人はだん〱ボロが出る。顔も彼女のが一枚上だ。別れないように清く交際しよう。

誰とも口をきかない、ムダ口は。

悪い事もしない。と云ってロマンチックにもならない。正しく生活している。

十一月十五日（日）　はれ／並風つよい／長み《ママ》＝B

日曜日、家に居られない。

僕の年で、このくらいいいそがしい奴もいないだろう。日本橋から上のによって渋谷を廻って帰る。そして休む間もなく川崎だ。

Sの事をあまり気にしない方がいいな。おうようにかまえていよう。去るものは追わず。万事大きく気をもとう。

浅草、昼夜《ひるよる》、なんでもいいや。

Fなんぞまるっきり子供だ。僕も年をとったものだ。十七才なんだけども。

十一月十六日（月）　時雨／非常に寒／根問ひ＝A

目がさめて、寒いので驚く。時雨《しぐれ》が降りつゞき、雨の上ったぬれた路上を音もなく吹きくる風は、雪の明日*6の様な気がする。

＊6―「雪の明日（あした）」は、雪の翌日は晴れるという意。ことわざに、「雪の明日は孫子の洗濯」などがある。

目がさめたのが九時。又ねて一時半にメシを喰《た》べて又又ねる。ねるに限る。

三時半迄ねて川崎へ。天気のせいかヌキが多い。

帰ってシキっぱなしのフトンにもぐって又ねる。

寒くても明日は出かけよう。

十一月十七日（火）　くもり／並／源平＝B

金がない。本當《ほんとう》にノーマネー。久しぶり蛇の目へ。相変らず安い。少いようできまりが悪るい。今日は食物にめぐまれていた。

定期を買わねば。どう云う方面に買わうかしら。安く有利に買わねどと思ひ、気が迷う。やはり今迄《いままで》通りがいいのかしら。

新宿へよる。着物姿を見せに。会ったが口をきかない。

気にするな。あんなもの。

十一月十八日（水）　くもり　あめ／非常に寒／子ほめ＝B　どうも後半がダレル

全《まった》く寒い。ねるのにかぎる。風呂へ行く。寒くとも風を引いていても行かずにいられない。始コタツである。

コタツに入り食事をすまして日記をつけている。静《しず》かだ。まだ十時半なのに聞こえるのは雨だれの音と、鉄橋を渡る汽車の響きが時折するのみ。日本の冬は風情がある。特にコタに味があるのだ。コタに入りながら彼女の事、噺の事、明日の事、とりとめもなく考へる。これも青春なのだ。

十一月十九日（木）　はれ／寒／豆や＝C

明日十時新宿東宝前か。楽しみにしていたけど、いざ明日となるとさほど興味もわかない。別にいやじゃあないんだが。

でも何か良い楽しいことがあるだろう。

文楽《ぶんらく》のところへ行って帰りに小《こ》さんの家へ。行けばせいくするのだが、文楽の奴きまり文句を云ってやがる。こいつらは間抜けなんだ。こっちは若いさ。一緒にされてたまるものか。

十一月二十日（金）　はれ／寒風強い／休

どうもくたびれた。
たいした事もない。

これが峠《とうげ》だ。一生けん命カセゴウ。

せい出せば凍る間もなき水車

十一月二十一日（土）　はれ／並／初雪や

又々《またまた》寄席がいやになった。
女学生を意識したからだ。
はっと思った。あやふく大人になりそうになる所だった。十七才で、まだ〳〵学生に未練が有る。K子、F、等に。帰りにFにあったのだ。彼女等に対して僕の落ちたみすぼらしい態度、いやだ。ニューフェイスの試験《しけん》[*7]にでも受けにいって見ようかしら。何でもやって見よう。ガムシャラに一つでも出来ればいいさ。いやでもつとめにいかねば、金を返さぬうちは。

十一月二十二日（日）　たぬき

張合《はりあい》のない生活。唯金を、一日の手当三〇〇円をもらひたい爲に、借金を返すが爲に、休みも返しての働き。何の楽しみもない。暗い夢のない労働者だ。

二日であきた。くたびれた。いやだ。

早くすぎてくれ。

十一月二十三日（月）　はれ／並／四の字 花見

何を云われても、何と云っても默《だま》って、無関係でいるのだ。沈默《ちんもく》は金なり。

＊7―映画会社が行っていた新人俳優オーディション。

恋愛は黙ってひそかに楽しまう。
絶対に秘密に。守ろう。

無駄使いはせぬように、外で何もするな。例へ少しでも。

悳二《とくじ》が浅草へ来た。
又深谷《ふかや》へ行きたくなった。
十二月の中《うち》に行かう。

十一月二十四日（火）　はれ／並／道かん

四日目だ。早く早くすぎてくれ。

このまゝではいけない。飛躍を考へねば。大きな派手な飛躍を。ニューフェイスの試験を受けよう。本当に。顔ぢゃあない。演技でシクジッテも元々さ。気を大きくもとう。十七才だもの。

ヒマが出来たら少し女を引っかけよう。ぐづ〱してはいられない。

十一月二十五日(水)　はれ／暖／ヤジローC

この次は末広のヒルだ。あんな奴いてもいなくともいいや。映画俳優になろう。僕は今迄順調に自分の思った事は仕とげて来たつもりだ。きっとなれるさ。伊達《だて》やすいきょうぢゃあない。

もちろん噺家《はなしか》さ、僕は。

その上で演技を行って見たいだけ。若さを一〇〇%に発揮しよう。そして青春を楽しみながら。前途洋々だ。

十一月二十六日(木)　鈴ケ森

眠い。風を引いたせいかも知れぬ。しかし帰ってしまうと元気になる。

僕は大人になったらどんな性格の人間になるのかしら。やはり今のまゝの複雑《ふくざつ》な気持のまゝかしら。面白い。

別に心境に変化もなく、凡々と日はすぎて行く。

あと三日。

十一月二十七日(金)　はれ ぁめ／寒／道ぐや＝C

朝、出たっきり十時迄寄席へのったきりだ。たまったもんじゃあない。僕でなくてもやせる。

運動不足、すい眠不足、

栄養欠乏。しょうがない。

天気がどう変ろうが、外に何かあろうと全然わからない。

時々思う、いい師匠を持ったものだ。つくぐ〳〵感心する。

家路に急ぐ。寒風が身をきる様に吹く。皆オーバーのエリを立てゝちぢまる。僕はさして寒くない。

夢が若さがあるからだ。

十一月二十八日（土）　はれ／寒／鈴ヶ森＝C　花見＝C　花見＝A

小《こ》さんの会の奴らは伸公始め、皆シャクにさわっている。一席見事にやってすぐ帰る。ザマア見やがれ。

すしやでロハ*8でくう。落語をやって。

あと一日だ。明日は東急のストライキ。何でもしてくれ。

十一月二十九日（日）　はれ／寒／雪てん＝B

浅草が終った。さあ無精生活とも縁をきって新らしくさっぱりと生活しよう。

明日は区切りの一日、休養だ。

風呂に床屋に、外観と気持とを洗ひ落して、紳士になって少し気をゆるし

＊8―「無料」の意。漢字の「只（ただ）」が片仮名のロとハに読めることから。

て遊ばう。カセグばかりがのうぢゃあない。

東急がスト、なごやかなストだ。

家にいたらばのんき気な一日だったろう。

寝不足だ。うんとねなければ。

十一月三十日（月）　はれ／並

昨日今日と三百円ぐらい使ったろう。しかし皆家の者へのオゴリだ。大いにいいだろう。

休みだ。本当に久しぶり。歯医者にいって、鼻へ行った。風呂にいき、床屋へ行って一日が終った。

さっぱりとした。平凡の中にピシ〳〵と、する事をした。気持が良い。

この気持で明日から寄席だ。

十二月一日（火）

はれ／並／りん廻し＝C

もうすっかり本《もと》の生活から離れてしまった。芸人になり切ろうとしている。それが自然の成行《なりゆき》なのだ。

その成行に今迄《いままで》さからって来たがダメだった。負《ま》けだった。当然かも知れないが、そのおかげで寄席と、そして女学生（F）によって僕は不良にならずにすんだのだ。

どうしてこう金がいるようになったのか。不思議だ。したがって働かざるを得ない。いやなこった。

いくつになっても続くだろう。

十二月二日（水）

くもり／暖／りん廻し＝B

Sはたしかに気がある。大丈夫。何か気になる。妙なものだ。あんなものにけっして惚《ほ》れない。惚れちゃあ負けだ。大丈夫だ。

一人になるとよく働らく。働くのが楽しい。ゆかいだ。本当に。これでなければならない。人の性は善なり。僕も本に返りつゝあるのかも知れぬ。帝劇に本を忘れた。くよ〳〵するな、べんしょうしちまへばいいさ。これから気をつけよう。

風を引いた。本格的なインフルエンザだ。

十二月三日（木）　あめ／並／雪てん＝B

何か変だ。意地になっているのか、心と行動が一致しない。なさけないものだ。

何だか変だ。一日をふり返ってみようと思うがめんどうである。

Sと約束をした。僕が時間を間違えたのか、Sが来ないのか。腹も立たないが、何だか変だ。

黙《だま》って〳〵、黙っていよう。

何とも云《い》わないで、楽屋を出たろ。

十二月四日（金）　くもり／並／雪てん＝C　たぬき＝C　二度上り

黙っていたら向うから云った。「昨日ずい分待っちゃったわ」「僕もさ」「うそばっかり」

ベンカイするのは男らしくないのでやめた。黙っていた。この頃すべてそうだ。ベンカイが出来なくなった。

お互い表面だけはツンとして、その反面心酔しているのだ。案《あん》の丞《じょう》、向うが折れた。「今度はきっと来てね」と指切りをさせられた。「ゴメンヨ」とボッソリ云った。「いいわよ」これで和カイ。ムジャ気なものさ。

結果は上々になってしまった。

十二月五日（土）　くもり　はれ／寒／雪てん＝B

よせ〳〵、あんなもの、かまうな。打っちゃっておけ。

輕《かる》く、いとも輕《かろ》やかにあしらへ。

今松《いままつ》の家へ行き、夕飯を御《ご》ち走《そう》になる。でも大したものだ。あれだけの家庭を切りまわして行くのだから。


寒くなった。帽子を買った。

耳まですっぽりと入る奴《やつ》を。

暖かい。

どうも金がなくて困る。

十二月六日(日)　犬拾ひ＝C

悳二《とくじ》が遊びに来た。塩田も山中も皆に平等にもてなすのに骨が折れる。しかしやっておいて損はない。悳二と四時近く迄《まで》、花を引いた。金をかけると僕は強い。途中でコタツにざこねだ。実にキュークツだ。おかげで寝《ね》不足。ねむいくヽ。

ずい分金を作った様で、ずい分金が出来た。面白いものである。

悩《なや》みがないせいか日々が愉快である。毎日々々を楽しくすごす。

これにこした事はない。

残念ながら噺《はなし》がスランプ。それ所ぢゃあない。恋の掛持ちでせわしく、楽しく、スリルを味わっている。

十二月七日(月)　**くもり／寒／雪てん＝C　根どひ＝C**

もう一度田舎へ行かう。

藤田から美和子の話をきいた。急にあいたくなった。

新宿の奴なんか下の下で、Fだってダメだ。やはり美和子にはかなわない。あって見たい。噺をしたい。唯《ただ》それだけなのだ。


十二月八日(火)　**はれ／並／雪てん＝C**

つく〴〵思った。女なんか面白くない。男同士で花でも引いていた方がよっぽど良い。

もう女なんか考へるのはよそう。やめた。馬鹿〳〵しいや。それより噺でも力を入れよう。

Sと映画を見たが面白くもない。口をきくのもオックウだ。

顔立《かおだ》ちはどこと云って悪るくない。むしろいい方だが、なんだかあきた。

遊ぶんなら家で寝ていた方がよっぽどましだ。本当に。

ねる程《ほど》楽はなかりけり。


十二月九日（水）　くもり 小雨／寒／道ぐや＝C

頭が痛い。二三日気まゝに寝てくらしたい。正《しょう》さんの代りの晝夜《ひるよる》だ。志《し》ん吉《きち》も働らく様になった。


このまゝSに去られるのは何か淋《さび》しい気がする。変なものだ。昨日あんな気でいたのに、成行にまかせよう。

又々《またまた》いやになった。甘っちょろい夢を追ってではない。希望がないからだ。スランプだ。負けてはいけない。嘶のけい古をせねば。ダメダ。体が疲れている。

美和子に会いたい。

十二月十日(木)　あめ　はれ／並／道かん＝B

今日は全《まった》く行くのがいやだった。でも仕方ないや。あの社会じゃ一人〳〵が責任を持たされているのだから。

ねむかった。

日記を書こうと考へている。ラジオはアチャコ[*1]が何かやっている。頭が、頭がすっかり混らんしている。ムシャクシャスル。ダメダ。ねよう。

又十日、夢のない日がつゞくのであろう。

明日天気になあれ。

十二月十一日(金)　はれ

僕の頭の中にこつ然としてわいて来た美和子の面影。僕の心の中で成長し、僕の偶像の中で美しく育った彼女の姿が……。

何とかして会う工夫をねずに考へた。楽しい。何と云う楽しさであろう。

＊1―花菱アチャコ（はなびし・あちゃこ）、漫才師、一八九七〜一九七四。横山エンタツ（よこやま・えんたつ、一八九六〜一九七一）と組んだエンタツ・アチャコで人気を博した。

その方法は目がさめると同時に消えて行った。

暗と云うものは空想を豊かにし、夢をあたえてくれるものだ。

今は唯、彼女があるのみだ。それが爲《ため》にはムダに時間をついやしてはならぬ。

全力を全神經《しんけい》を使って彼女の所を。

あーダメカナア。

キセキよ、偶然のチャンスよ、来てくれ。

十二月十二日(土)

席ははねて小満《ま》んの所へ行き、小《こ》さんの所へ行き、風呂《ふろ》へ行き、皆する事をした。サッパリした所で美和子にセンネン出来る。

道を歩きながら、フト思ひ出す。K子と羽根をついた事、山中湖へ行った事、高とり山に行った事。次から次へと想ひ出はつきない。そして悲しく時は去っていく。涙《なみだ》が自然に出てくるようだ。

夢よ、もう一度帰らないかなあ。

十二月十三日(日)　はれ／暖／饅頭怖い＝C

Fの事を考へなくなった。此頃《このごろ》早く家へ帰る気もなく、と云って映画等を見たいとも思わない。もっぱら着類《きるい》の事のみを考へている。こうなるものかしら。

しかし美和子の事は頭のどこかに残っていて、時折想ひ出す。噺もよくがなく楽屋も淡々とすごしている。唯楽しみは下旬に田舎へ行く事ぐらいだろう。遊費と実用費と両立をしなくてこまる。当り前だ。金が入らないかな。

十二月十四日(月)　はれ／暖／怖い＝C

あやふく泊る所だった。やはり家へ帰ってよかった。帰らねばいけない。文楽《ぶんらく》の家から鈴本《すずもと》へ来て、帰るか泊るかさんざ迷ったあげくだ。

考へていてもダメだ。この頃まとまらない。考へていないですぐ実行をしよう。思ひ切って。その方がいい。

家帰ってねる。平凡な事だが、これ程いい事はないのだ。我家だ。楽しい。故郷だもの。

よかったよ。今日は本当に。道をあやまり放ろう癖がつく所さ。朝公《ちょうこう》みたいになる所だ。けんのんく。

十二月十五日（火）　**はれ／並／怖い＝C**

自分の悩みを自分で默って一つ一つ解決してから。あまり深く考へるのはよそう。人間はいざとなればどうにかなるものだ。無学者と論ずるのは愚と云う事ぐらいは百も承知だ。知っていて議論をしてしまった。志《し》ん好《こう》の奴だ。まだく若い。悪るい意味ぢゃあない。若さが、熱がまだく僕には有るのだ。その意気で進まう。そう考へれば大いに結こうだ。

十二月十六日（水）　**はれ／暖／怖い　ヒル＝B　ヨル＝B**

清々した。カタの重荷が半分取れた様だ。僕は買物が割に上手《うま》い。方々出あるくせいかも知れぬ。借金をして松屋でオーバー四仟《せん》五百円也を買う。中古品だが新品に見える。これで田舎行も大丈夫だ——。後は背広とコートと紋附《つ》きとクツ下とYシャツと毛糸と……とてもダメだ。一つ〱買って行かう。楽しみに。
僕は衣裳《いしょう》道楽なのかも知れない。

十二月十七日（木）　はれ／生暖か／怖い＝C 美和子

美和子、唯その名のみだ。やはり彼女が一番印象が深。気心が知れているせいかも知れぬ。朝さんが調べてくれた彼女の家へ行って見た。會《あ》わなかったが僕の心は暖かい。夢と希望で充《み》ちて来た。何とかして話し合うチャンスを作ろう。その事を考へている事が今の僕にとって最大の楽しみなのだ。もう偶然を待つ必要もないのだ。一歩近づいたのだもの。

キタイとアセリとが一緒になって楽しい青春の一頁《ページ》を色どってくれるのだ。

十二月十八日（金）　はれ／暑／怖い＝B

全く疲れた。こんなに歩るいたのは始めてだ。彼女の事はともかく、円遊《えんゆう》の所から小圓朝《こえんちょう》の所迄の道のりのあった事。汗はびっしょりで大声でどなって見たくなった。

不運続きだ。くた〳〵になった。

美和子の家の前を征《ゆ》きもどりつ、思ひきって入った。兄キらしい人と噺をした。仲々《なかなか》良い男だ。結果は普通だったが形勢は不利になった。でも何でもかんでも会う一念だ。

でも良く入ったものだ。彼女は学校だそうだ。いてくれゝば良かったのに。

十二月十九日（土）　くもり／暖／饅頭＝B

美和子に対して次に打つ手はあれやこれやと考へて一日終って終《しま》った。電車の中でも女学生を見ると、ハットして落ついていられない。美和子に見えるからだ。いけない、あまり偶像化をしては。平らな並な氣持《きもち》でいなくてはダメだ。藤田といろ〳〵噺をした。彼も彼女に対して僕見たいな気持でいるらしい。それほど彼女は愛くるしく皆に好かれるタイプだ。

この二三日満足にねてない。でも平気だ。丈夫になったのかも知れぬ。

十二月二十日（日）

休んで見たものゝ、居ても立ってもいられない。彼女の事だ。玨子と話をしたり、吉迫に会ったりいろ〳〵あったが、やはり彼女の事が…………。

この頃どうして、自分の気持が自分で書き表せなくなってしまったのであろうか。解《わか》らない。話をしていても自己の気持を全部云ひ表す事が出来ないのだ〜〜〜〜〜〜。

松長美和子

いい名前だなあ。

十二月二十一日（月）　はれ／並

深谷《ふかや》に来るのに、何時《いつ》も未練が残る。夏の時はF、今は又彼女だ。いても結局会えないであろうと思ひ、やって来たのだけれども、別にトピックもない。

家にいるよりは様子が変って面白い。女友達も二三作りたいが、そのチャンスはまだない。

吉迫は上の迄送って来てくれた。本当は良い奴なんだ。大事にしてやろう。田舎は皆いいし、別に不自由はない。

唯、美和子のみ。

十二月二十二日（火）

面白くないので帰りたく思う。しかし帰っても美和子に会えなければつまらぬし。こちらで女性の友人が出来ればいいのだが。でも家にいるよりも女性との接しょくはあるのだが。

とう〳〵せがまれて噺をした。いやだ。その後の気分が悪い。実に不愉快だ。よそう、黙っていよう、しゃべるまい。

そしてゆっくりしていから。

その内に一人ぐらい知人が出来るであろう。

十二月二十三日（水）　はれ／並

三日目になる。やはり退屈だ。あきる。

あッ、そうだ、昨夜妙な夢を見た。Ｆに会うのだ。その時のＦの顔《かお》があまりにもみにくいので驚き、気味が悪るくなる夢だ。もうすっかりＦから離れてしまったのかと思う。今ではＭの方が印象がずっと深い。初めての相手と云うのはいつまで心に残っているものであろうか。

いやうか、帰ろうか迷う。結局いる様な事になるであろう。

十二月二十四日（木）

面白くなかった。帰りたくなった。しかし帰るのが惜しいような気がする。

早いものだ、もう四日だ。

眠い。ね不足。

誰もいない。何もしない。

いらくする。

得る所ナシ。

十二月二十五日(金)

今日から又出直し。

疲れた。とに角《かく》ねむい。充分にねてからだ。叔父《おじ》にハンドバックをもらって来た。[*2]

美和子にプレゼントしたいのだがなあ。宝のもちぐされかしら。

何とかして勇気を出してずうくしくなれ。

その事だけで後の女は考へるな。いけない。それでいいのさ。想ひ出にのみ生きよう。清らかに、美しく。

十二月二十六日(土) **はれ/暖/初てん[*3]=B**

ずい分金を使った。ミュウジックホール[*4]、小《こ》ぎくと二人で六〇〇円。痛かった。しかし帰りに北村と会ってすし屋へより話をしたら何とも思わなくな

*2—談志のおじ(母親の兄)は、かばん店を営んでいた。

*3—『雪てん』のこと。『雪てん』の別名に『初雪』『てん』。

*4—「日劇ミュージックホール」、かつて千代田区有楽町にあった劇場。一九八四年閉場。

った。それ程彼女はほがらかで感じがいい。

トニー谷[*5]の感じも良かったが、それに増して印象に残った踊り子（名は解らない）、実に可憐《かれん》だ、美しい。うっとりとした。もう一度目の前で見たい。何と云う名かしら、住所はどこかしら。

あーあ。

十二月二十七日（日）　くもり／並／たぬさい＝A

久しぶりに楽屋ですごした。何か妙な気がする。家にいる様で。円生《えんしょう》の独演会『たぬさい』上出来である。でもシミったれた野郎だ。ビキ[*6]しか出さない。なさけない奴だ。

帰りに塩田と藤田と三人で山翠でのんで帰る。一時帰宅。ミュージックホールの事が気になる。又彼女の事も。明日は予定通り、ゼヒ実行にかゝろう。勇気を出して。

＊5—ボードビリアン・俳優、一九一七〜一九八七。

＊6—楽屋の符丁で、数の「二」のこと。

十二月二十八日（月）　くもり／寒／美和子

案ずるより生むが安いとはこのこった。彼女に會ひ、明朗すぎる程の彼女に接し、後日を期して帰ったのだもの。

思った事は何でも実行させる、いや、してしまう僕は果報者さ。でも絶縁せぬ様にシンチョウに交際しよう。悪感《あっかん》を持たれぬ様。でも思ったより容ボウは良くなかったが、彼女の気持がそれを充分にカバーしてしまう。本当に気持のいい女学生だ。

本当の意味の女友達を得た。

十二月二十九日（火）　くもり／寒／初てん＝B

あと三日、どうも弱った。人並みに金づまりさ。借りた五仟圓《えん》もいつになるやら解らなくなった。まったく弱った、どうしよう。年始まわりに行かねばならぬし、定期を買わねばなるまいし、考へるとイラ〱して来る。成行きにまかせよう。

小さんの独演会（人形町《にんぎょうちょう》）で井上大助《いのうえだいすけ》*7に会う。もう少し時間が有れば友

＊7―俳優、一九三五～一九七七。

人になれたのだが、惜しい事をした。
あ——あ金、金、マネ——。

十二月三十日(水)

金は無いけれども、実にすべてが順調に行っている。金をのぞいて、このくれで皆が解決した。すっきりする。

その金も今日は思わなく収入が有り、一段落。使ひ込まぬ様にせねば。

こういい事がつゞくときはきをつけねばならない。油断大敵ナリ。

どうも小さんに小言《こごと》を喰《くら》いそうで、あぶなくてしょうがない。

忘年会で何をやろうかしら。

新宿の奴どうしたろう。少々気になる。別に何ともないが。

守るべきこと*

一、無だ食をせぬ事
一、芸（噺、舞踊、珍芸、劇等）をおぼへること
一、無だ口をきかぬ事
一、お金をためる事
一、腹をたてぬ事
一、医者に行くこと
一、

*―日記帳巻末のメモ欄に書かれたもの。記入日は不明。最後の一項目は空欄。

演目の記録

1952.11.11～1954.1.19

〈凡例〉

＊一九五二（昭和27）年十一月十一日〜一九五四年一月十九日、「記録」と題した大学ノートに書かれたもののうち、演目の記録部分を収載しています（巻頭口絵写真⑯⑰）。

＊初出・底本は『談志人生全集 第一巻 生意気ざかり』（一九九九年、講談社）で、そこには演目一覧とともに「家元・注」として、同書出版にあたって追記された解説も収められています。本書では、その解説も収載しました。

＊演目一覧には、演じた日付、演目、演じた場所、自己評価（A〜D）が記されており、それらを原文のまま収載しました。

＊記載のない日もありますが、加筆・修正はせず、底本のままとしました。

＊演目・評価は必ずしも日記と同一ではありませんが、表記の違いも含め、修正はせず底本のままとしました。

1952（昭和27）年

11・11	弥次郎	市川鈴本	A
12	〃	〃	B
13	子ほめ	〃	D
14	弥次郎	〃	C
15	転失気	〃	C
16	根問い	〃	B
17	道かん	〃	C
18	ひなつば	〃	A
21	弥次郎	池袋演芸場	C
22	〃	〃	C
23	〃	〃	C
〃	十　徳	〃	B
24	千早振る	〃	C
25	道かん	〃	C
26	千早振る	〃	B
27	〃	〃	C
28	〃	〃	C
29	子ほめ	〃	C
12・2	弥次郎	十番クラブ	C
3	雑　俳	〃	D
4	千早振る	〃	B
5	弥次郎	〃	C
6	〃	〃	B
7	〃	〃	B
8	〃	〃	B
9	〃	〃	B
10	〃	〃	A

13	〃	人形町末広	A
14	〃	〃	A
15	〃	〃	B
16	子ほめ	〃	C
17	弥次郎	〃	B
18	千早振る	〃	B
19	ひなつば	〃	C
20	弥次郎	上中里・笑いの会	B
22	子ほめ	十番クラブ	C
24	千早振る	〃	B
25	道かん	〃	C
26	根問い	上野鈴本	C
28	弥次郎	人形町末広	C
29	道かん	新宿末広	B
30	道具や	新宿末広ヨル	B
〃	根問い	〃　　ヒル	C
1・1	十　徳	上野鈴本	B
2	道かん	〃	B
4	牛ほめ	〃	B
5	子ほめ	〃	B
6	千早振る	〃	A
7	根問い	〃	B
8	四の字嫌い	〃	C
9	弥次郎	〃	B
10	道具屋	〃	C
11	千早振る	新宿末広ヒル	A
12	根問い	〃	
13	四の字嫌い	〃	

14	道かん	〃	
16	子ほめ	〃	
17	牛ほめ	〃	B
〃	〃	本牧・貞花の会	A
18	転失気	新宿末広ヒル	
19	弥次郎	〃	
20	根問い	〃	
24	道かん	上野鈴本ヨル	A
28	十　徳	〃	
31	雪てん	〃	
2・1	〃	十番クラブ	
7	〃	〃	
8	〃	〃	
9	〃	〃	
10	棒　屋	〃	
11	〃	池袋演芸場	
12	雪てん	〃	
13	棒　屋	〃	B
14	道かん	〃	A
15	牛ほめ	〃ヒル	
〃	根問い	〃ヨル	
〃	雪てん	駒込柔道会館笑いの会	
16	〃	池袋演芸場	C
17	棒　屋	〃	A
18	道具屋	〃	C
21	棒　屋	新宿末広ヒル	C
22	雪てん	〃	B
23	棒　や	〃	A

24	子ほめ	〃	B
25	転失気	〃	C
26	千早振る	〃	B
27	棒　屋	〃	C
28	狸	〃	D
〃	道かん	新宿末広・小せんの会	B
3・1	狸	新三河島まつみ亭	C
2	〃	〃	B
3	〃	〃	B
4	〃	〃	C
5	豆　屋	〃	D
6	狸	〃	A
7	〃	〃	B
8	〃	〃	C
9	〃	〃	C
10	〃	〃	B
11	〃	新宿末広亭ヨル	A
15	〃	〃　ヒル	C
〃	根問い	〃　ヨル	C
21	狸	朝・上野鈴本亭・車掌家族慰安会	B
22	〃	〃	C
23	道具屋	〃	C
〃	狸	上野鈴本亭ヒル	A
24	根問い	〃	B
25	道かん	〃	C
26	棒　屋	まつみ亭	C
27	狸	上野ヒル	B
〃	道かん	まつみ亭	C

28	弥次郎	上野ヒル	C
〃	子ほめ	まつみ亭	C
29	ひなつば	上野ヒル	C
〃	狸	まつみ亭	B
30	十　徳	上野鈴本	B
〃	弥次郎	まつみ亭	B
4・12	狸	人形町末広亭	C
15	〃	〃	C
16	雪てん	〃	A
17	根問い	〃	B
18	子ほめ	〃	B
19	雪てん	〃	C
20	牛ほめ	〃	B
21	雪てん	新宿末広ヒル	C
22	道具屋	〃	B
23	牛ほめ	〃	A
24	道かん	〃	A
25	狸	〃	C
〃	道具屋	本牧・貞花ノ会	B
26	転失気	新宿末広ヒル	B
27	根問い	〃	C
28	千早振る	〃	C
29	子ほめ	〃	C
30	豆　屋	〃	B
5・2	〃	鈴本ヒル	C
〃	狸	〃ヨル	A
4	道具屋	〃ヒル	C
5	十　徳	〃	C

6	豆　屋	〃	C
7	雪てん	〃ヒル	B
〃	牛ほめ	池袋	C
8	豆　屋	〃	B
9	反対車	鈴本ヒル	C
〃	道かん	池袋	A
11	根問い	新宿ヒル	C
12	道かん	本牧・貞花ノ会	A
〃	狸	末広ヒル	B
13	〃	〃	B
14	豆　屋	〃	B
〃	〃	川崎演芸場	B
15	反対車	新宿ヒル	C
16	雪てん	〃	C
17	子ほめ	〃	C
18	根問い	〃	D
6・19	狸	〃	C
20	牛ほめ	〃	B
21	狸	新宿末広ヒル	B
22	道かん	〃	C
23	ぞろぞろ	〃	B
25	道具屋	〃	C
26	ぞろぞろ		C
27	反対車		C
28	狸	新宿末広ヒル	B
29	子ほめ	〃	C
30		末広「奈美野一郎」を慰める会	
	狸	〃ヒル	C

	道具屋	〃ヨル	A
7・1	ぞろぞろ	池袋演芸場	B
2	千早振る	〃	A
3	道かん	〃	C
4	雪てん	〃	C
5	道具屋	〃ヒル	C
〃	狸	〃ヨル	C
6	根問い	〃	B
7	転失気	〃	B
8	子ほめ	〃	B
9	牛ほめ	〃	B
10	弥次郎	〃	C
11	道具屋	十番クラブ	C
14	根問い	新宿末広ヨル	A
16	豆　屋	〃	C
18	十　徳	〃	B
20	道かん	〃	A
8・1	源　平	新宿末広ヒル	C
2	雪てん	〃	A
3	狸	新宿末広ヒル	B
4	ぞろぞろ	〃	C
5	子ほめ	〃	C
6	源　平	〃	C
7	四の字嫌い	〃	C
8	〃	〃	C
9	狸	〃	C
10	道具屋	〃	B
11	狸	鈴本ヒル	B

〃	ぞろぞろ	本牧一心会	A
13	子ほめ	鈴本ヒル	C
14	豆　屋	〃	C
〃	漫談（司会）	滝の川小学校（笑いの会）	C
15	根問い	鈴本ヒル	B
16	道具屋	〃	C
〃	漫　談	蒲田東口ヤタイ（行奴）	B
17	道かん	鈴本ヒル	C
18	転失気	〃	C
19	源　平	〃	C
21	千早振る	新宿末広ヒル	C
22	弥次郎	〃	C
23	豆　屋	〃	B
〃	ぞろぞろ	霜降橋（笑いの会）	C
24	道かん	新宿末広ヒル	C
26	千早振る	〃	C
27	牛ほめ	〃	C
28	ひなつば	〃	C
〃	源　平	二度上り	B
29	棒　屋	〃	B
31	狸	〃	C
9・2	根問い	浅草末広ヨル	A
3	十　徳	〃	A
5	道具屋	〃	?
6	豆　屋	〃	?
8	反対車	〃	C
9	道かん	〃	A
10	犬拾い	〃	B

11	〃	新宿末広ヒル	C
12	〃	〃	C
〃	〃	本牧亭	C
13	〃	末広ヒル（新）	?
〃	〃（漫談）	乃木神社	B
14	千早振る	新宿末広ヒル	B
15	〃	大塚前座会	A
〃	犬拾い	末広ヒル（新）	B
〃	根問い	神田立花（小伸代）	A
16	犬拾い	新宿末広ヒル	B
17	〃	〃	C
〃	司　会	上北沢（屋台）	C
18	長屋の算術	新宿末広ヒル	C
19	〃	〃	C
20	〃	〃	C
21	司　会	王子中学校（笑いの会）	C
22	長屋の算術	上のヒル	B
23	犬拾い	上の慰安会	D
〃	反対車	二度上り	D
〃	長屋の算術	上のヒル	A
25	〃	〃	C
26	〃	〃	B
27	〃	〃	C
28	〃	〃	C
29	〃	〃	B
10・1	狸	立花亭	C
2	長屋の算術	〃	C
3	〃	椙森小さんの会	C

〃	犬拾い	立花亭	B
4	根問い	〃	C
5	子ほめ	〃	B
6	ぞろぞろ	〃	C
7	雪てん	〃	C
8	弥次郎	〃	B
9	道具屋	〃	C
10	犬拾い	〃	B
13	鈴ケ森	浅草ヒル	C
14	〃	〃ヨル	C
15	豆　屋	ウノ木敬老会（文化会）	B
16	鈴ケ森	浅草ヨル	A
17	道かん	〃ヒル	A
18	鈴ケ森	〃	A
〃	犬拾い	大谷中通り（銀馬）	A
19	長屋の算術	浅草ヨル	C
20	鈴ケ森	〃	C
21	弥次郎	新宿ヒル	C
23	鈴ケ森	〃	C
25	〃	〃	C
27	弥次郎	〃	C
29	長屋の花見	〃	B
31	〃	〃	B
11・1	〃	上野ヒル	A
2	鈴ケ森	〃	B
3	狸	〃	A
4	犬拾い	〃	D
5	四の字嫌	〃	C

6	花　見	〃	C
7	四の字嫌	〃ヒル	B
8	反対車	〃午前	B
〃	鈴ケ森	〃ヒル	A
9	雪てん	〃	B
〃	〃	浅草ヨル	B
11	長屋の花見	川崎	C
12	〃	〃	B
13	〃	〃	C
14	〃	〃	C
15	〃	〃	B
16	根問い	〃	A
17	源　平	〃	B
18	子ほめ	〃	B
19	豆　屋	〃	C
21	初雪や	浅草	B
22	狸	〃	A
23	四の字嫌い	〃	C
〃	長屋の花見	〃ヨル	A
24	道かん	〃	
25	弥次郎	〃	C
26	鈴ケ森	〃	
27	道具屋	〃	C
28	鈴ケ森	〃	C
〃	長屋の花見	〃ヨル	C
〃	〃	小さんの会	A
29	雪てん	浅草	B
12・1	りん廻し	新宿ヒル	C

2	〃	〃	B
3	〃	〃	B
4	〃	〃	C
〃	狸	〃（二度上り）	C
5	雪てん	〃ヒル	B
6	犬拾い	〃	C
7	雪てん	〃	C
〃	根問い	〃ヨル	C
8	雪てん	〃ヒル	C
9	道具屋	〃	C
10	道かん	〃	B
13	饅頭怖い	浅草ヒル	C
14	〃	〃	C
15	〃	〃	C
16	〃	〃	B
〃	〃	〃ヨル	B
17	〃	〃ヒル	C
18	〃	〃	B
19	〃	〃	B
26	雪てん	小さんの会	B
27	たぬさい	円生の会（十番）ヒル	A
29	雪てん	小さん独演会（人形町）	B

1954（昭和29）年

1・1		川崎ヒル	
1・2		〃	
3		〃	
4		〃	

5		〃	
6		〃	
7	反対車	〃	A
8		〃	
9		〃	
10		〃	
11	饅頭怖い	浅草ヒル	C
12	道かん	〃	C
13	饅頭怖い	〃	B
14	牛ほめ	〃	B
15	饅頭怖い	〃	A
16	〃	〃	C
17	〃	〃	B
18	りん廻し	〃	C
19	饅頭怖い	〃	A

このメモはそのまま載せました。前座の頃の落語と出演場所、つまり寄席であります。加えてその日の出来具合……。

薄い帳面に書いてありました。何か健気《けなげ》です……アレッ、前にもこう表現《かい》たっけ。でも、そうなんだもの、可愛《かわい》いもの、偉いもの。何せ、御歳《おんとし》十六か十七のガキだぜ。

この書き置きを順に眺めながら解説……いや説明を……。

「市川鈴本《いちかわすずもと》」とは、文字通り千葉の市川。場所は京成電車の市川真間《まま》駅からチョイと離れた処《ところ》だったか……駅のそばだったか……畑の中にポツンとあったような記憶があります。

お客は来なかった。〝入《い》れかけ〟になったこともあった、と『現代落語論』に書いたはず。

〝入れかけ〟とは、お客が二、三人しか来ズ、営業やっても、とても〳〵どうにもならず後から入ってくる様子もなし。で、お客にお断りして、後日また入場出来る切符を渡し〝お帰りいただく〟という、その頃まで存在《あっ》た寄席のシステム?の一つである。

勿論《もちろん》常連の客は〝それ〟を識《し》っていた。

後から楽屋に入ってくる芸人には電話で〝今日の市川は入れかけです〟と知らせたのだろうか……でも、電話のない咄家《はなしか》もいたろうし……。

「池袋演芸場」も〝入らない〟寄席でした。つまり現在の映画館を想像してくれればいい。過日懐かしく自由が丘の武蔵野館に「ゴジラ」を観に行った。母子連れの二人と家元の三人でした。もし、この二人組が居なければ上映は止《や》めたのかしら、寄席と違って映画はフィルムで、カラ〳〵と回しておくのかしら。ことによると一人でも入ってくるかも知れナイ……と……。

何か悲しい侘《わび》しい話です。その頃を想うと胸が〝キュン〟となります。

「川崎演芸場」も麻布の「十番クラブ」も、新三河島《しんみかわしま》という、これまた京成電車の新三河島駅のすぐそばにあった「まつみ亭」、これも入らなかった。

どうやら入ったのは「上野鈴本亭」と「新宿末広亭」。「人形町末広」が、どうにか……というところ。日曜がチョイ入り、あとは正月を待つのみ……と、いまの鈴本、末広がそのまま昔の「端席《はせき》」という「まつみ亭」「池袋演芸場」の如《ごと》きとなった。一度、新宿末広亭を見てくるといい。あの客の少なさ、侘しさを……。

「ヒル」と「ヨル」と書いてあるのは、掛け持ちに非《あら》ズ、昼席と夜席を務めた、ということです。

時間で言えば寄席開演の十二時の前から、四時半頃まで、そのまま夜の前座が五時頃から七時半頃まで働きづめでした。

外に出たいなァ、自由の風に当たりたいなァ……。出来れば恋もしたかった……。けど「修業」の文字そのままでありました。


これらの寄席は上野と新宿を除いて全《すべ》て消滅したのです。おっと池袋のみは不死鳥？の如く、また新しく建て直し……けど、入っていまい。何せ立川談志が出ないのだから……いや、出さないのだもの。


「上中里《かみなかざと》笑いの会」とは、新栄《あらえ》さんという女傑が時折学校など借りて催《や》っていた一夜限りの寄席でした。

「本牧貞花《ほんもくていか》の会」は、講談の現一龍斎貞丈《いちりゅうさいていじょう》、その頃の貞花さんの会に前座として頼まれたもので、確か、その頃、講談で言う「空打《からう》ち」という前座はいなかったと思う。で、〝落語の前座を借りた〟ということ……。

「新宿末広亭小《こ》せんの会」とは、後の「古今亭甚語楼《ここんていじんごろう》」、その当時の「柳家小せん」の会で、その頃は寄席の三十一のみが特殊の会をやったもので、珍しく「小せん」の会。珍しく、とは、小せん師匠はそれ程の看板ではなかった、ということ……。ここで橘家円太郎《たちばなやえんたろう》師が「ナゾかけ」を演《や》ったのです。一杯の客でした。ゲストに引退した「名寄岩《なよろいわ》」が来てました。朴訥《ぼくとつ》な人柄と思えた反面、融通のきかない人なのだろうなァ、と子ども心に、いや栴檀《せんだん》は双葉より芳《かんば》し……か、人間を観てました。

「二度上り」とあるのは寄席に「穴」があいたのです。前の人もつなぎ切れなくなって降り、仕方なく前座の私が上がった、ということ。

築地の「中央会館」で「談志独演会」、会場が分からなくなり、その間前座の「志らく」は五回も上がった、という……。いい想い出になったはず……。

「蒲田《かまた》東口ヤタイ（行奴《ゆきやっこ》）」は屋台のこと。つまり戸外で演ってる、ということだ。祭礼の余興であろう。「行奴」とは、浪曲の木村重行《しげゆき》師のお弟子さん。朝之助《ちょうのすけ》（当時朝次《ちょうじ》）の紹介である。

「浅草末広」とは、新宿末広亭の浅草進出ということです。けど、何かヤクザ関係のトラブルか、一年、いや二年ぐらいで閉めましたよ。国際劇場の通り……ったって現在は国際もなくなって浅草ビューホテル、あの通りの「今半」の手前、田原町《たわらまち》寄りの並びで二階の寄席で、これまた同様客は来ズ。

早い話、ほとんど端席は来なかった。来なかったので「端席」と言ったのか。横浜の「相鉄演芸場」も同様でしたっけ。

何で寄席なんぞ開業《や》ったのか、判断に苦しむネ。他にいくらもやる稼業がありそうなものなのに。ま、いいか、昔の話だもンね。

「乃木神社」とは、あの赤坂の乃木神社、もうその頃から洋服（蒲田駅の近くの古着屋で買った黒のダブルの上下だった）を着て、得意でした。これ着て司会と漫談、もう今日《こんにち》の下地が出来てきているのです。

「大塚前座会」とは、春風亭柳枝《しゅんぷうていりゅうし》師匠宅で時折やってくれた（柳枝師匠の心遣い）勉強会だと思います。〝どうだ〟と言わんばかりの高座……といっても柳枝師匠宅の部屋の畳の上での一席でしたが「A」とあります。〝上手《うめ》えだろう〟って顔をしたのでしょう。で逆に「D」のときの落ち込みようはなかった。自己嫌悪、唯《ただ》自己嫌悪……それのみ……。

「神田立花《たちばな》」は、須田町のレストラン「万惣《まんそう》」の並びの路地の奥、いい寄席でした。「大《ひろ》さ」といい「客筋」といい……。

（小伸代《このぶ》）とは同門同時代人間の柳家小伸、後に「小山三《こさんざ》」が「柳家つばめ」となり一緒に真打ち。新作落語に才のあった奴で、死んだときには師匠小さんが涙を流した、といわれています。芸人らしくない、当時珍しい大学出（国学院大学）の咄家《はなしか》、いや待てよ、珍しい、どころか落語界開闢《かいびゃく》以来の珍事ではなかったか。

永井荷風《ながいかふう》は……あれは別だ……すぐにやめたしネ。

「椙森《すぎのもり》」と読みます。日本橋は堀留町《ほりどめちょう》、例の「富籤《とみくじ》」のあの椙森神社、ここで師匠小さんは勉強会を開いてました。その前座です。「ウノ木敬老会」とは、住んでいた地、我が家のある町、「鵜の木《うのき》」。そこで頼まれ、確か、「神田松鯉《かんだしょうり》」先生か、「浪花亭綾太郎《なにわていあやたろう》」師を頼んだか……。

そんな記憶がありますよ。この日ではなかったかも知れないが、お二人が（別の時に）鵜の木に来演したのは覚えてる。

老人の会、敬老会といっても、「私より、お客様のほうがよほど若い」と松鯉先生の高座の話。

「飄々《ひょうひょう》」という文字がこの先生くらいピッタリの講釈師はいなかった。

「大谷中通り」とは記憶にないが、（銀馬《ぎんば》）とは、先代金馬《きんば》門下の「杓文字《しゃもじ》」と仇名《あだな》された、顔のしゃくれた銀馬さん、その頃はもうリタイアしてたのか、余興のメンバーなどと組んでいたようにも感じた。粋《いき》な人で……その逸話は多い。

軽い芸で好きだったなァ……。

「川崎演芸場」の〝想い〟は『現代落語論』（三一書房刊）に書いた。

「円生《えんしょう》の会」とは十二月二十七日にどう開演したのか……つまり三十日までは寄席のメンバーで組んであるはずなのに……。

昼席はともかくとして……十番の昼席は考えられない。

それよりも「小よし」の私が前座で行っているのは、円生師匠にその頃は前座がいなかった、弟子がまたいなかった、来てなかったのだ。二年ぐらい後《のち》に円楽《えんらく》が来るのだから……。

場所は十番温泉の並び、本屋さんの隣……といっても、行ったことのない人にゃ皆目判《わか》らない。

さァて演題《ネタ》のことでござんす。

整理すると、『道灌《どうかん》』『牛ほめ』『転失気《てんしき》』『弥次郎《やじろう》』『十徳《じっとく》』『雛鍔《ひなつば》』『浮世根問《うきよねどい》』『千早振《ちはやふ》る』『子ほめ』『四《し》の字嫌《じぎら》い』、そして『雪《ゆき》てん』（つまり『雑俳《ざっぱい》』とも称《い》う）。『棒屋』『道具屋』『狸《たぬき》』と前座咄《ばなし》があり、『豆屋』『反対車《はんたいぐるま》』がいくらかその上、つまり二つ目になったとき用とも言えます。なんと『源平』をもう演っているとは知らなかった。よく怒られなかったもの。

『犬拾い』とは珍しい。桂右女助《かつらうめすけ》師匠の自作の新作なのです。頼んで教えていただいた。『長屋の算術』と『鈴ケ森』は円遊《えんゆう》師匠（先代）で、大阪の『崇禅寺《そうぜんじ》馬場』の焼き直しで後年演る『白井権八《しらいごんぱち》』の『鈴ケ森』ではない。

他に『長屋の花見』『饅頭《まんじゅう》怖い』『狸《たぬ》さい』とある。

咄を勝手に覚えて「己《おのれ》なり」に演ることは出来なかった頃である。で、これらの咄は誰かに教えてもらっているのです。

素人の時に覚えた『浮世根問』とて小《こ》さん師匠にもう一度正式に習ったもので、『子ほめ』

『狸』『道具屋』『道灌』が師匠の小さんから……。

『ぞろ〱』『四の字嫌い』『牛ほめ』『転失気』『雛鍔』が三遊亭小円朝《さんゆうていこえんちょう》師、『豆屋』が柳《やなぎ》家小《やこ》せん師、『棒屋』は立川《たてかわ》ぜん馬《ば》師、『源平』は三平《さんぺい》さん、『千早振る』は兄弟子《あにでし》の柳家小きん（現小せん）さん。

まァ『長屋の花見』は小さん流のを〝まァ、いいだろう〟と演った。

『雪てん』のみが自分の組み立て、まァ前座咄のオン・パレード。先代談志の十八番『反対車』は、伸治《しんじ》（現文治《ぶんじ》）さんに教わった。伸治さん、小さん宅に稽古《けいこ》に来ていたので……。

というわけだ。

まだ、『三人旅』も『浮世床《うきよどこ》』も覚えていない。いえ、教わっていない。ここに記されているのが、前座「柳家小よし」十七歳の全てであります。

けど、この一年後か、二つ目になった十八歳の時には、もう『くも駕《かご》』『首提灯《くびぢょうちん》』『意《い》地競《じくら》べ』等々……百に近いレパートリーとなってました。

ヨォ、天才、凄《すご》いッ……など本当に言われたんですよ……で、天狗《てんぐ》になって師匠小さんに怒られ、〝その歳ンなれば判りますよ〟と答え、当時楽屋の一騒動みたいに言われたもんだ。〝生意気なバカだ〟と。

その後三十年、その話を我が女房に話したら、女房は言った。

〝小さん師匠は失礼だ〟

見事な判断・答えであり、それは正解なのだ。そこがもう分岐点の始まりなのだった。


書き残しを添えると、「一心会」とはその頃の若手二つ目達の親睦《しんぼく》団体で、会長が先代一龍斎貞丈先生。

「滝野川《たきのがわ》小学校」「霜降橋《しもふりばし》」等は前述した駒込《こまごめ》を中心とした「笑いの会」の高座です。

「奈美野《なみの》一郎」は、声帯模写の古き芸人で売れっ子でしたよ。確か「結核」かなんかで病床だったのでしょう。仲間を救うための「読みきり」という無料出演で、その「あがり」を渡した、ということです。互いに貧乏だった芸人同士の相互扶助。

後記

松岡慎太郎

「いずれ本になるだろうから」

早いもので、父・立川談志が亡くなって十年が経《た》とうとしています。二〇一一年十一月二十一日に亡くなり、その年末までは時間がとても長く感じましたが、一年、二年……と経過するにしたがって段々と速く感じるようになり、気が付けば十年という月日が流れていました。

本書は、談志没後十年にあたって企画されました。

発端は二〇〇九年、談志が亡くなる二年前のことです。二〇〇九年から二〇一〇年にかけては、糖尿病で体調がすぐれず入退院を繰り返していました。それでも高座復帰を目指し、また雑誌や本の執筆も精力的にこなしていました。そんななか、談志は「いずれ本になるだろうから」と、七十冊あまりの日記帳を編集者に託しました。

函《はこ》入りハードカバーの日記帳もあれば、小さな手帳もあり、大学ノートに書かれたものもあります。空白期間もありますが、入門した直後から、声を失った最晩年にいたるまで、六十年以上にわたって書きつづけてきた日記です。

今回、出版に至った本書は、そのなかで最も古い年の日記で、一九五三（昭和二十八）年、談志が十七歳のときに書いたものです。

談志は一九五二年、高校を一年で辞め、五代目柳家小さんに入門しました。談志十六歳、前座名は本名の「克由（かつよし）」から「よし」をとって「小《こ》よし」。『談志の日記1953　17歳の青春』は、その入門翌年に書かれたものです。

企画の話をいただいたときは、正直なところ史料にはなっても、日記だけで一冊の本になるのだろうかと半信半疑でした。日記は、本にすることを前提として書かれていませんから、他人にとっては価値のない個人的な情報も多いでしょうし、また書かない日も少なくないだろうと思ったからです。

しかし読んでみて、日記に対するイメージが大きく変わりました。一年を通して一日も欠かさず書かれていて、前座修業の日々や、十七歳らしい心情、その年の出来事、季節の移り変わりなどが、短い文章の中に込められていました。通しで読んでみると、一九五三年という年がリアルに蘇ってきます。いまそこで、十七歳の少年が日記帳に向かっている姿が見えるかのようでした。

昔のことは父から断片的に聞いていたので、聞き覚えのあることも日記には書かれていました。しかし、「昔話」や「回顧録」としてどこか懐かしく聞いたり読んだりするのと、リアルタイムに気持ちを表現した文を読むのとでは、伝わり方がまったく違います。今の若い人がTwitterでつぶやくのを読んでいる感覚に近いかもしれません。

「いずれ本になる」という談志の言葉どおり、談志ファンはもちろんのこと、落語ファンや、昭和の時代に興味のある方が読んでも楽しんでいただけるように、そんな願いを込めて本書を世に出すことにしました。

後半の「演目の記録」は、前座「小よし」が大学ノートに記した演目名と自己評価です。談志の著作『談志人生全集 第一巻 生意気ざかり』（一九九九年、講談社）にも収められていますが、日記と同時期に本人自身が書いた高座の記録であり、一九九九年の出版時に談志が書き加えた解説も含まれます。併せて読んでいただくことで、楽しみも広がると思います。

鵜の木、多摩川

談志がどのような時代に、どんな環境で生まれ育ったのか、補足しておきたいと思います。といっても、私はその時代に生きていたわけではありませんから、談志や母から聞いたことをもとに、談志の著作からも引用しながら書き進めることにします。

立川談志、本名・松岡克由は、一九三六（昭和十一）年一月二日、当時の東京市小石川区に生まれました。現在の文京区白山《はくさん》のあたりです。晩年、車で白山付近を通ると車窓から外を眺め、記憶を思い出しながら昔住んでいた家の場所をよく探していました。

その後、談志の両親は何度か転居し、大田区鵜《う》の木《き》に落ち着きました。戦時中は、埼玉県の深谷《ふかや》にあった母親の実家に縁故疎開していたことがあります。「鵜の木」や「深谷」は、この日記にもたびたび登場する地名です。

鵜の木の家は多摩川の近くにあり、少年期の談志は、多摩川で釣りをしたり泳いだり、多摩川園（遊園地）に出かけたり、多摩川園劇場で映画や演芸を観たりして過ごしました。日記に頻繁に登場する「土手」は、この多摩川の土手です。

戦中から戦後にかけて、落語家になるまで、いや、なってからも、「鵜の木」（大田区）という多摩川べりで過ごした。小学校、中学校、そして高校の一年（ほとんど行っていない）と、思春期《ガキ》という最も多感な頃を、この川の土手っぷちで過ごしたということだ。「男女の綾《あや》」とでもいうのか、甘酸《あまず》っぱい想い出もこの地であった。（『立川談志自伝 狂気ありて』亜紀書房）

鵜の木の家の間取りは、六畳、四畳半、三畳と自伝には書いてありますが、私が小学生頃の時にリフォームしてしまい、古い間取りの記憶はほとんどありません。鵜の木の家はまだ残っていて、そこに談志の妹が今もひとりで住んでいます。

談志は小学生のころから伯父《おじ》に連れられて寄席に通い、落語好きになりましたが、入門を本気で考えたのは中学生になってからのようです。親には「高校を出てからにしろ」と反対されますが、高校一年のときに入門までこぎつけました。このあたりの経緯は、『現代落語論』（一九六五年、三一新書）に詳しく書き残しています。

いたるところに片鱗が

談志にとって、「書く」という行為は日常でした。本の執筆や雑誌の連載はもちろんですが、思いついたアイデアやネタを、大学ノートやチラシの裏側なども利用して、書き留めていました。筆まめで、よく手紙も書いていました。

書くことに苦労している姿は見たことがありません。

依頼された原稿については、締め切りに遅れないのは勿論《もちろん》、時には連載の一～二か月先の分まで書いて送っていたこともありました。傍《かたわ》らで見ていて、頭の中のハードディスクの容量がいつもいっぱいで、空きを作るために紙へと移行させる。談志にとって「書く」という行為は、そんな感じのようにも映りました。

談志は生涯を通じて、膨大な量の原稿を書きましたが、その作業を通じて、当て字、ルビ、繰り返し記号、言葉の遊びなど、独特の文章スタイルを作っていきました。この日記を読むと、早くもその片鱗《へんりん》が見えます。その後の談志調のパーツがあちらこちらに垣間《かいま》見えて、まるで出来上がったパズルを一からくずしたような……未完の談志がそこに生きているような気さえしました。

言葉だけではありません。ものの好き嫌いや考え方についても、その後の談志につながる記述が少なくありません。たとえば談志は、思い出に残る映画として、「禁じられた遊び」と「まごころ」をよく挙げていましたが、この日記にも、感動したことが記されています。二作品とも十七歳のときに見た映画だったのです。そして、その感動を生涯覚えていた。私にとっては新たな発見でした。

落語『やかん』のテーマであった「思考ストップ」も、すでにこの日記に現れています。「これでいいのだ」と書き、あえて考えることをストップさせています。さらに、色紙にたびたび書いた「人生、成り行き」。この「成り行き」というフレーズもこの日記で何度か書いています。

そのようなことを日記で見るにつけ、過去と現在、生と死の区別を超越した、なんとも不思議な感覚が押し寄せてきました。

私が最も印象に残ったのは、本書の帯にも入っている次の一文です。

僕には、夢を追うのみで、若さを楽しむ資格がないのであろうか。
悲しい。
その原因は落語なのだ。
僕の宿命なのかも知れない。

この一文に本書のすべてが集約されているように思います。そして、これを書いた十七歳の少年は、将来七代目立川談志になるのです。

ピュアな少年

そもそも私は、家族や他人のプライベートを覗《のぞ》いたりすることに興味がありませんでした。父の日記の存在はもちろん知っていましたが、今回の企画で初めて日記と向き合うことになりました。日記を最初に読んだときは、まず「こんなピュアな少年がいた」ことに驚きました。この日記を通じて、のちの立川談志とも、自分の父親ともまた違う誰かに出会ったような感じでした……。

落語家を目指して高校を辞めたものの、学校生活にうしろ髪を引かれ、青春を謳歌《おうか》する友をうらやましがり、恋愛にも憧《あこが》れる。今の時代では考えられない純粋さで、読んでいて切なくなります。

これは本当に意外でした。いくら十七歳とはいえ、あの立川談志です。子供の頃から斜に構え、世の中の矛盾と大人の嘘《うそ》を見抜いている……。青春に対する人並みの思いなどはなかったと想像していました。

しかしその一方で、自分の気持ちに正直であり、はっきりとモノを申し、まっすぐに生きようとしたところは、十七歳のときから変わっていません。談志は「生意気」「勝手」「毒舌」「乱暴」などと言われてきましたが、それは、唯《ただ》自分の気持ちに正直に生きようとした結果だったと思っています。

今に想うと立川談志の言動は、何事に対しても打算的でなく、まっすぐであったからこそ人の心に届いたのかも知れません。

最後に

前のところで「一年を通して一日も欠かさず」と書きましたが、この日記は惜しいことに十二月三十一日だけ書かれていません……。

なぜ最後の一日だけ書かなかったのか？

六十八年前に戻って、この十七歳の少年に聞いてみたいところです。

刊行にあたりdZEROの松戸さち子様、スタッフの皆様、装丁の鈴木成一様、そして、本書を読んでくださったすべての皆様に心より御礼申し上げます。

松岡《まつおか》慎太郎《しんたろう》（談志長男）

写真提供
談志役場

協力
松岡則子
松岡央枝
玉井淳子

校正・校閲
くすのき舎

カバー著者写真
阿久津知宏

［著者略歴］落語家、落語立川流創設者。1936年、東京に生まれる。本名、松岡克由。16歳で五代目柳家小さんに入門、前座名「小よし」を経て、18歳で二つ目となり「小ゑん」。27歳で真打ちに昇進し、「五代目立川談志」を襲名する。1971年、参議院議員選挙に出馬し、全国区で当選、1977年まで国会議員をつとめる。1983年、真打ち制度などをめぐって落語協会と対立し、脱会。落語立川流を創設し、家元となる。2011年11月逝去（享年75）。

著書には『現代落語論』（三一新書）、『談志百選』『談志人生全集』全3巻、『立川談志遺言大全集』全14巻（以上、講談社）、『談志絶倒 昭和落語家伝』（大和書房）、『談志 最後の落語論』『談志 最後の根多帳』『立川談志自伝 狂気ありて』（以上、ちくま文庫）、『談志が遺した落語論』『江戸の風』（以上、dZERO）などがある。

談志《だんし》の日記《にっき》1953
17歳《さい》の青春《せいしゅん》

著者　立川談志《たてかわだんし》

2021年11月8日 第1刷発行

ブックデザイン　鈴木成一デザイン室
発行者　松戸さち子
発行所　株式会社dZERO
http://www.dze.ro/
千葉県千葉市若葉区都賀1-2-5-301 〒264-0025
TEL: 043-376-7396 FAX: 043-231-7067
Email: info@dze.ro

本文DTP　株式会社トライ
印刷・製本　モリモト印刷株式会社
落丁本・乱丁本は購入書店を明記の上、小社までお送りください。
送料は小社負担にてお取り替えいたします。
価格はカバーに表示しています。
978-4-907623-46-3